働く人のための
集中力マネジメント講座

仕事はうかつに始めるな

石川善樹
Yoshiki Ishikawa

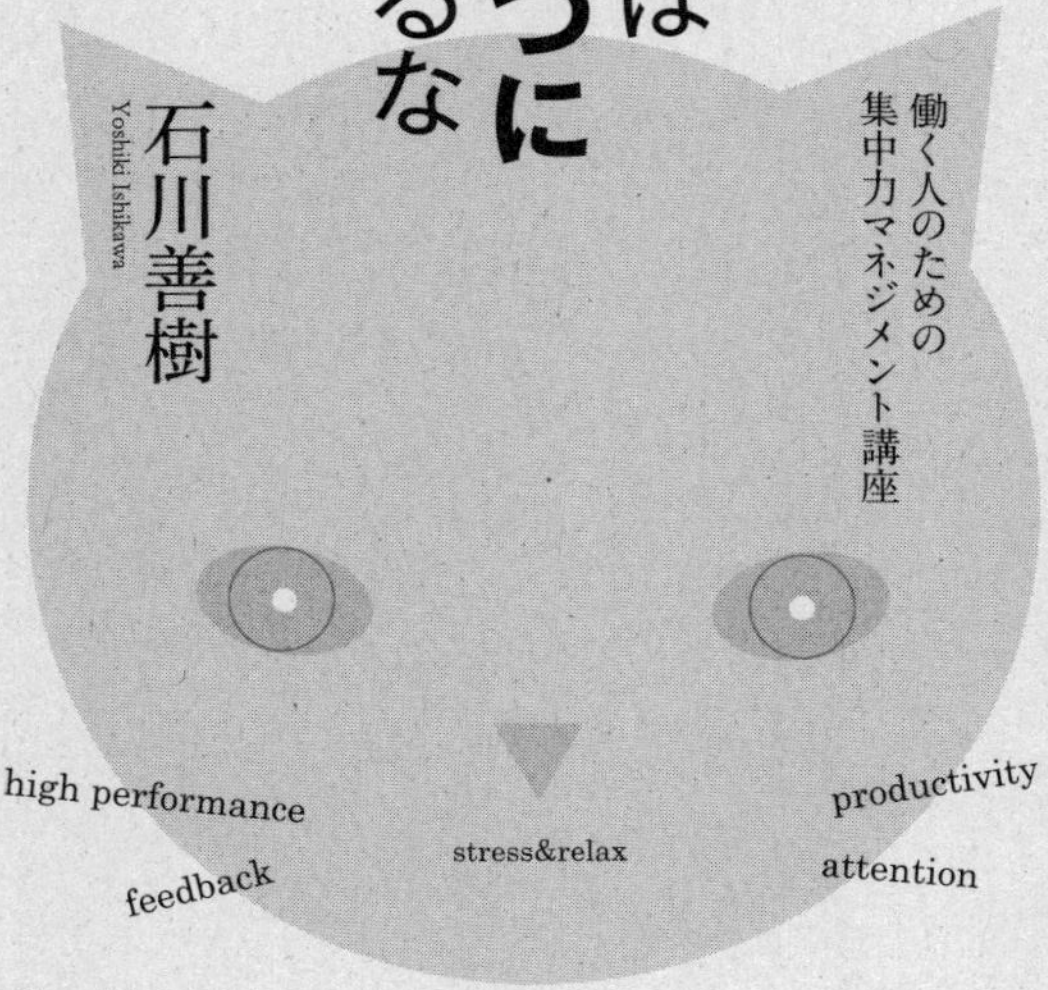

プレジデント社

はじめに

現代ほど、ひとつの仕事に集中することが難しくなっている時代はありません。

デスクでパソコンを開き、資料作成にとりかかってはみたものの、すぐにスマホでメールやメッセージをチェックしてしまう。インターネットで調べものをしていたはずが、いつの間にか関係ないニュースを読みふけっている。いくら頭では「集中しなきゃ」と思っていても、気がつくと別のことに気を取られていることが多いのではないでしょうか。

平均的なビジネスパーソンは、1時間に30回メールチェックをしているといわれています。これでは集中力どころの話ではありません。

実際、時代が進めば進むほど、人間が集中できる時間は短くなっています。マイクロソフト社のレポートによれば、**現代人が連続して集中できる時間は、2000年では12秒でしたが、2015年にはとうとう8秒になってしまった**そうです。さらに面白いことに、どうやって調べたのか、**金魚の集中は9秒続くらしいので、人間の集中力はついに金魚以下になってしまった**と報告されています。

20世紀の知の巨人ハーバート・サイモンは、すでに1960年代に「情報が豊かになると、注意の貧困を招く」と予言していました。金魚に負ける現代人の「注意の貧困」は、いまや末期的症状といってもいいかもしれません。わたしたちは情報を消費しているようでいて、じつは情報に消費されてしまっているのです。

これだけ集中することが難しい状況で、わたしたちは、どうすれば集中力を発揮することができるでしょうか。

その具体的な方法をお伝えするために書いたのが、本書『仕事はうかつに始めるな』

です。

変わったタイトルだと思われる方も多いでしょうが、このタイトルは、物事に集中するための極意を一言で述べたものです。それは、仕事に集中できるかどうかは、仕事をする前の準備段階で決まってしまうということです。

わたしがこれを実感したのはハーバード大学で学んでいたときです。入学して最初にいわれたのは「うちの大学は処理しきれないぐらい大量の宿題を出す」ということでした。なぜならハーバード大学は、将来のリーダーを養成する学校だからというのが理由です。

よく意味がわからなかったので、「どういうことですか？」とたずねると、次のように教えてくれました。そもそもリーダーの仕事とは、処理できないほど膨大な情報の中で意思決定をすることだ。そのための訓練をいまからするのだ、というわけです。「なるほど」と納得したものの、実際に見たことがないほど大量の宿題が出て途方にくれました。最初は根性で処理しようとがんばったのですが、足腰が立たなくなるほど疲弊して、これではもたないと痛感しました。

そこから、がむしゃらな努力ではない方向でものごとを処理していくことを考え始めたのです。

実際、リーダーという立場でなくとも、これほどの情報化社会の中では、現実の時間内に情報を処理し終えることはありません。さらにいえば、そこまで大量の仕事が目の前にないときでさえ、ぼんやりと仕事を始めてしまったら、あとはもうメールやネットに誘惑されるがままです。「さあ、集中するぞ」といくら念じたところで、集中はできません。８秒で集中は途切れ、10秒後には、スマホに手を伸ばしていること必至です。だからこそ「仕事はうかつに始めるな」なのです。

前著『疲れない脳をつくる生活習慣』では、最新の脳科学の研究成果を活用しながら、マインドフルネスと呼ばれる瞑想の方法や効果について解説するとともに、その効果をさらに高めるために、睡眠、姿勢、食事といった生活習慣をどのように改善すればいいかを具体的にアドバイスしました。

多くの社会人は、マインドフルどころか、ストレスフルな生活を送ってしまっています。ですから、まずは生活を見直して、「不調」を「普通」に戻しましょう、というのがメッセージでした。

それに対して、本書は「普通」から「好調」をどうつくるかに軸足を置いています。とはいえわたしたちは、朝から晩まで、つねに「好調」であり続けることはできません。なぜなら、「好調疲れ」を起こすからです。**1日のうち、高い集中力を発揮できるのは4時間が限界です。**

でも逆にいえば、4時間集中できれば仕事の生産性は格段にアップします。というのは、圧倒的に多くの人は、1時間の集中すらままならないからです。

スポーツであれ、研究であれ、ビジネスであれ、その分野のトップで活躍している人たちは、ここ一番というときに、集中力を発揮する術を身につけています。周囲の雑音さえ気にならないほど、目の前の課題に没頭する。「ゾーン」や「フロー」と呼ばれる状態に入ると、そのパフォーマンスは桁違いに高くなることが科学的に知られています。

そして幸いなことに、近年、フロー状態に入るためのテクニックについても、科学的な研究が数多く蓄積されてきています。本書ではまず、そのエッセンスをみなさんにお伝えし、集中力をコントロールするために「具体的に何をすればいいか」を解説しました。そのうえで、フローの条件、そもそもなぜフローが重要なのか、という少し抽象度の高い話をしています。

集中力は仕事の効率アップだけでなく、生活の質とも密接に結びついています。脳はそもそも飽きっぽいので、仕事でもトレーニングでもなんとなくだらだらとやっていると、すぐに「つまらない」と感じてしまいます。そして、そのような状態が続くと成果も上がらず、余計に集中できなくなり、効率が悪化する。よって、継続的にパフォーマンスを上げられなくなるのです。

いま、人生100年時代といわれます。集中力マネジメントは、飽きず、疲れず、情報に振り回されず、イキイキと人生をおくるための土台づくりともいえます。

みなさんの有意義な人生のために、本書を活用していただければ幸いです。

目次

第3章 「小さな目標」を立て続ける

第4章 「考えるためのプロセス」を定型化する

第5章　人生100年時代の働き方

付録

第1章

集中できないのは意志が弱いからではない

さて、まず本章では、集中するためのキホンの「キ」についてお話しします。具体的には、集中するために重要となる「三つのテクニック」を詳しく述べていきます。もちろん、あまりに基本的な話なので、「そんなこと知ってるよ！」と思われる方も多いでしょう。しかし、知っているのと、実践するのでは、大きな違いがあります。

わたしも偉そうなことを言っておきながら、しばしばこの「三つのテクニック」をおろそかにして悲惨な目に遭っています。

たかが基本、されど基本ですね。この章では集中するための「三つのテクニック」からお話しし、次章の中心テーマである「フロー」についても簡単に触れることにします。

◉根性では集中できない

人はどういうときに、「もっと集中力しなければ！」と思うでしょうか。

典型的なのは、目の前の勉強や仕事とは違うことに気を取られているときです。資料を作成しなければいけないのに、いつの間にかネットニュースを読み込んでいる。参考書を開いて数分後には、スマホでLINEをチェックしている。「集中しなければ」と頭ではわかっているけれど、なかなか仕事や勉強に復帰できない。気がつけば30分、1時間があっという間に過ぎてしまった……。

こうした経験をすると、たいていの人は「自分は意志が弱い」と思うはずです。でも、そういう考え方をしてしまうと、あとは根性論にしかなりません。つまり、

集中力＝意志力

と定義してしまうと、集中力のない人への処方箋は、「もっと意志を強くすること」という精神論や根性論になってしまうのです。

それでは、本質的な解決にはなりません。

とはいえ、たとえ今日集中できなくても、締め切りが近づけば切羽詰まって、おのず

と集中できます。いわゆる「締め切り効果」ですね。でものど元過ぎればなんとやらで、2日後、3日後は、高い確率で元の「集中できない人」に戻っているはずです。そしてまた「自分は意志が弱い」と精神論に舞い戻ってしまう。このループを繰り返す限り、いつまでたっても安定した集中力を発揮することはできません。

◉集中テクニック①　気を散らせるモノを遠ざける

では、どうすればメールやスマホに気を取られることなく、目の前の仕事に集中することができるでしょうか。

重要なポイントは、「自分を信用しない」ことです。

なんのこっちゃと思われるかもしれませんが、要は「気を取られそうなモノは、あらかじめ排除しておく」ということです。

パソコンに向かって、資料をつくったり文章を書いたりしていても、クリックひとつでインターネットが立ち上がり、ネット上には、あなたがよく閲覧しているサイトが無数にある。ＳＮＳで絶えずメッセージがプッシュされてくる。それらを見ないでおこうと自分を律しても、はたしてそれができたことがあるでしょうか？

少なくともわたしは一度もありません。

だからこそ、うかつに仕事を始めてはいけないのです。ものごとに集中するためには、自分を律さなくてもいい環境をつくることが重要です。

スマホが気になりがちな人であれば、目に入らない場所にしまっておく。ネットを見てしまう人は、接続を切る。

繰り返しますが、自分を決して信用してはいけません。

◉集中テクニック②　いやいや始めない

集中を阻害する要因をひと通り除去することができたとしても、まだ仕事を始めてはいけません。やる気が出ないけどまずは机についてみる——それが集中力にとっては命取りになります。その環境と「いやだ」というネガティブ感情を脳が結びつけて記憶してしまうからです。脳は、あなたが向かう机を「やる気の出ない場所」として覚えてしまうのです。勉強をしたくない子どもを、毎日強制的に机に向かわせると、ますます勉強嫌いになるのと同じです。

つまり、集中するための二つ目のポイントは、「いやいや始めない」ということです。不眠治療でも、医師は「眠れないときはベッドから出たほうがよい」という助言をよくします。ベッドで眠れない状態が続くと、ベッドが「眠れなくてつらい場所」として認識されてしまうからです。

わたしの友人に、北川拓也君という天才がいます。彼はハーバード大学院で理論物理学の博士課程を修了したのち、ビッグデータの専門家として楽天に入社し、27歳で執行役員になっています。彼の勉強法はすごく変わっていて、「自分は何を知りたいのか?」という意欲が極限まで高まらないと決して教科書を開こうとしないのです。第3

章で詳しく述べますが、これは脳の特徴をよく理解した、きわめて理にかなった勉強法です。

しかし社会人の場合、「仕事をする気が起きないから、席につきたくない」とは言えません。そこでおすすめなのは、「やる気が出ないときに仕事をする場所」を決めておくことです。

もちろん、根本的な解決にはなっていません。集中するためには、「いやいや」を「ワクワク」に変えるテクニックを身につける必要があります。その具体的な内容については、第3章であらためてお話しすることにします。少なくともここでは、「感情と場所はセットで記憶される」ということを覚えておいてください。気分が乗らないのに仕事を無理やり始めても、決して集中することはできないのです。

◉集中テクニック③　終わりの時間を決める

仕事を阻害する要因を取り除くこと、やる気が出るまでやらないことのほかに、もうひとつ、集中力を発揮するために大事な準備があります。それは「仕事の終わりを決める」ということです。

少し前の話になりますが、アメリカ人の友人から「日本人は時間にルーズだよね」といわれました。もちろんわたしは、「そんなことはない！　日本人は時間を守ることにかけたら世界ナンバーワンだ！」とすかさず反論しました。「いや、そういう意味じゃないんだよ」と友人は呆れ顔です。「じゃあ、どういうことだ？」と問いただすと、なるほどそうかも、と思える説明をしてくれました。

つまり、こういうことです。たしかに日本人は、始まる時間は守る。でも、「仕事を終える時間」についてはルーズである。そういえばわたし自身も、仕事を終える時間は、始まる時間ほど厳守していません。なんとなく、「一段落したら終えよう」くらいの意識です。

アメリカ人の友人にいわせると、これは、仕事を「質」で管理しようとしているということです。しかし、この「ゴールを決めずにとにかく走る」というやり方では、当たり前ですがあっという間にバテてしまいます。

仕事の終わりを決めるためには、仕事を「量」で管理することが必要です。1時間でアイデアを20個出す、資料を10枚作成するなど、「量」を先行させて仕事を進め、「質」を点検する時間は別枠で設ければいいのです。

「仕事の終わりを決める」うえで、おすすめしたいのは「ポモドーロテクニック」という時間管理術です。「ポモドーロ」とは、イタリア語で「トマト」のことです。本物のトマトではなく、トマト形のキッチンタイマーを使って時間管理をすることから、この名前がつけられました。タイマーはどんなものでもかまいません。ポモドーロテクニックに特化したスマホアプリも出ています。

実際にやることはシンプルです。タイマーを使って、25分作業したら5分休むというサイクルを繰り返す。4回目には30分という長めの休憩を取ります。

ただ、ここまで読まれた方のなかには、「いったいおまえは何をいっているんだ?」とお怒りの方がいるかもしれません。なぜなら、「せっかく集中して仕事ができているのに、なんで25分たったからといって、休憩しないといけないんだ?」と。

たしかに人によってはもっと長く作業してもいいかもしれません。ただ、わたしたちの脳は、疲れてから休んだのではリカバリーが遅くなってしまうのです。そのため、疲れる前にこまめに休んでおくことが、結果として長い集中力を保つ秘訣になるのです。

とはいっても、実際は25分も集中できる人は少ないと思います。「はじめに」でも述べたように、現代人の集中力は8秒しか続かないのですから。ちなみに、まるで人ごとのようにいっていますが、わたし自身、これまで述べてきた、「気を散らせるモノを遠ざける」「いやいや始めない」「終わりの時間を決める」という三つのポイントを守れないときは、それこそ5秒も集中が続かないような気がします。

1ポモドーロサイクル＝25分＋5分

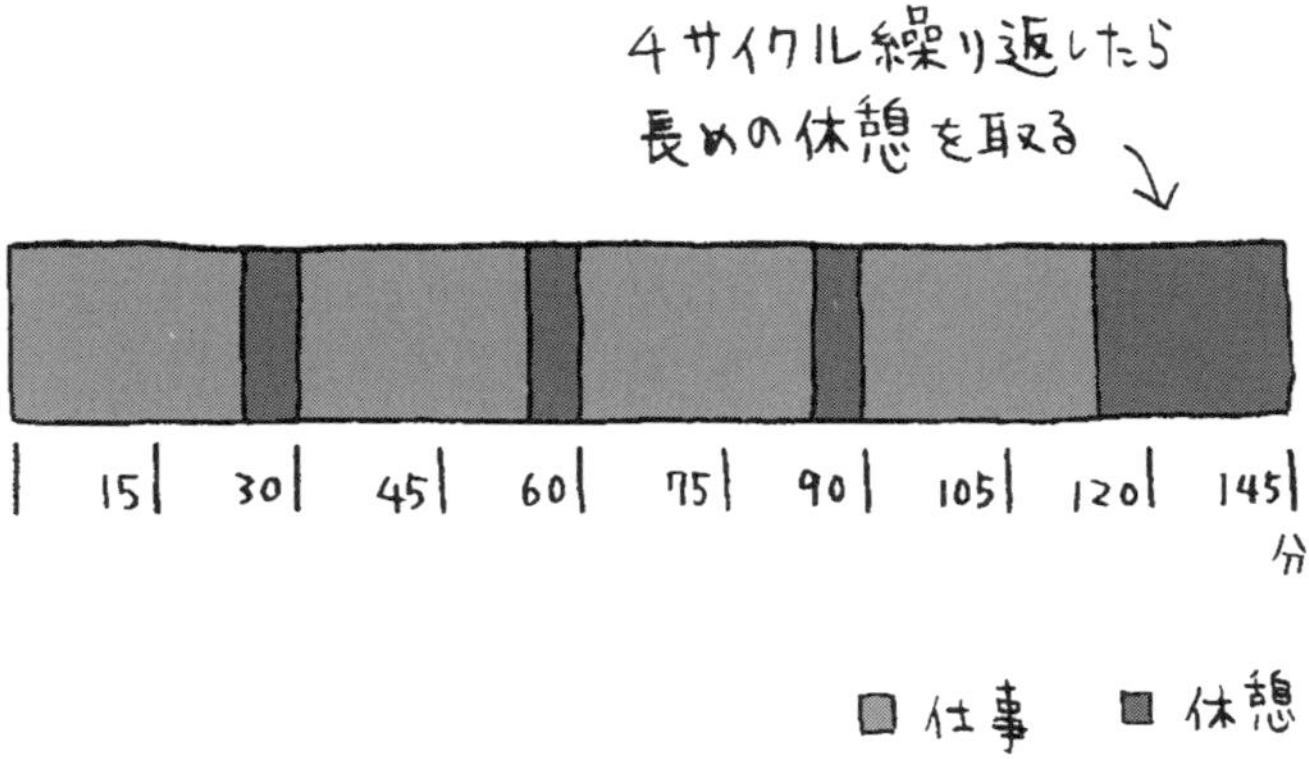

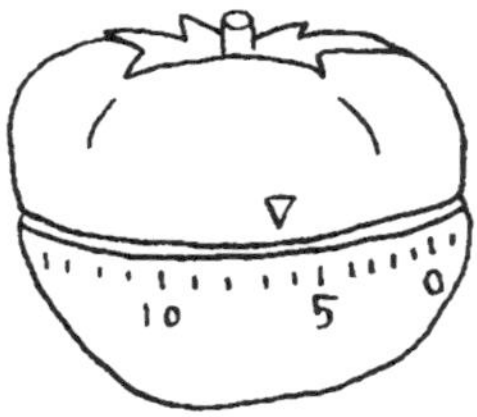

キッチンタイマー（アプリでもOK）を活用しよう

そこで、まずは25分。このポモドーロテクニックの肝は、たんに集中する時間を設定するだけでなく、「25分」で、どのぐらいの量の仕事ができるかを把握することにもあります。25分でどのぐらいのタスクをこなせるかがわかれば、仕事を量で管理しやすくなります。そうなれば、もうこっちのもの。「1日に25分を○セットできるから、今日はこのぐらいの仕事量がゴール」と終わりを決められるようになります。

◉没頭しながらリラックス

さて、ここまで述べてきた「気を散らせるモノを遠ざける」「いやいや始めない」「終わりの時間を決める」の三つを実践するだけでも、人並み以上の集中力を発揮することはできます。

でも、これらはあくまで集中するための最低条件にすぎません。

集中力というと、多くの人は、仕事や勉強の効率を上げるためのものだと考えがちです。しかし、近年の心理学の研究から、高い集中状態はある状態と深い関係があることがわかってきました。それは意外かもしれませんが、「幸福」です。「フロー」と呼ばれる超集中状態は、きわめて幸福な状態でもあるのです。

フローは面白い状態で、行為そのものに没頭しながら、リラックスもしているような状態です。つまり超集中しながら超リラックスしている。こうした状態では、人は自分の時間が止まっているように感じます。そういう状態にあるとき、客観的な時間はあっという間に過ぎていくのです。

スポーツの世界ではこの状態のことを「ゾーン」と呼んだりしますが、ゾーンもフローと同様に「超集中状態」を意味します。日本語であれば「没入」「没頭」に近いと思います。

ただ、「ゾーン」などというと「それは一部のトップアスリートの話で、自分には関係ない」と感じられる方もいるかもしれません。有名な野球選手がよく「ボールが止まって見えた」というような話をしますが、そのような状態は「強いフロー」と呼ばれるもので、たしかに一部のトップアスリートでもたまにしかないような体験です。

しかし、フローにはいくつかのレベルがあることが知られています。たとえば、多くの方が経験されているであろう、次のような状態も立派なフローなのです。

・友達との会話が盛り上がり、数時間があっという間に過ぎてしまった
・推理小説に没頭して、気がつけば徹夜してしまった

これらは「弱いフロー」と呼ばれ、立派なゾーンの一種なのです。本書はどちらかといえば、この「弱いフロー」をつくり出すことを目標にしています。

◉時間が止まるような異次元の体験

フローやゾーンと呼ばれる状態が、科学の対象になるのは1871年までさかのぼり

ます。それは偶然の事故から始まりました。

スイスの地質学者アルベルト・ハイムは、登山の途中で突風のためにバランスを崩し、斜面を転げ落ちてしまいました。時間にすればわずか数秒の出来事でしたが、その間の彼は、スローモーションのような時間を体験していたといいます。

転がりながらも視界は広く、感覚も研ぎ澄まされ、次々といろいろな考えが頭をかけめぐりました。数日後には講演をする予定だったけれど、これではできないから代役を立てなければいけない……そんなことまで考えたそうです。

幸いにも命拾いしたハイムは、そのときの体験が不思議でたまりませんでした。客観的な時間とは明らかに違う時間が、自分のなかで流れていた。いったいこの体験は何なのか。

そこで彼は、自分と同じように、落下事故に遭遇し、命拾いした32人にインタビューをしました。すると驚くべきことに、ほぼ全員がハイムと同じように、時間が止まったかのように感じる体験をしたと答えたのです。

ハイムはその調査を論文にまとめ、１８９２年に発表しました。このときはまだ「フロー」や「ゾーン」という言葉は使われていませんが、それと同種の状態がハイムによって研究の俎上にのせられたのです。

◉第三の幸せとしてのフロー

その後、１９７０年代になって、心理学者のミハイ・チクセントミハイが「フロー」という概念を提唱します。

チクセントミハイは心理学者として、「幸福」をテーマに研究していました。いったい人はどういうときに幸福や充実を感じるのか。彼は、さまざまな分野の人にそれをインタビューしていったのです。

すると、職業も年齢も地域もまったく異なる人たちが、みな同じように答えました。行為それ自体に没入しているときが、いちばん楽しく、喜びを感じる、というのです。

こうした調査をもとに、チクセントミハイは、「フローとは、全人的に行為に没入しているときに人が感じる包括的感覚である」と定義しました。

これは幸福の研究にとって、大発見でした。というのも、古代ギリシャ以来、幸福といえば「快楽」か「意味」のどちらかだったからです。

「快楽」は、いちばんわかりやすい幸福の要素です。大好きなアーティストのコンサートに行く、ずっと憧れていたブランド服を手に入れる。そういったLike（好き）やWant（欲しい）と呼ばれる感覚です。

それに対して「意味」は、世のため人のためになることに幸せを感じることです。面白いのは、意味に幸せを感じる人は、別にそこに快楽がなくてもいいのです。たとえば決して楽しい仕事でなくても、意味を感じられたらがんばれるタイプの人はそうだといえます。

このように、じつに2000年もの長きにわたって、幸せには2種類しかないと思われてきました。しかし、そこに突如として現れたのがフローです。その意味ではフローは、人類にとって革命的な「幸せの定義の拡張」だったといえます。

さて、次章からは具体的にどうやってフローに入るのか、最新の知見を見ていくことにしましょう。

コラム1 「仕事の終え方」についての研究

集中するためのテクニックのひとつとして、「終わる時間を決める」ことを提案しました。しかし、そうスムーズにものごとが運ぶわけではありません。

終わる時間を決めたとしてもそれまでに仕事が終わらなかったら結局やるしかない場合もあります。また、やり残した状態で仕事を終えるとわたしたちの脳はずっとそのことが気にかかり、ほかのことに取り掛かれなくなることが知られています。これを「ツァイガルニック効果」といいます。ではどうすればいいのでしょうか？

この「どうやって仕事を終わらせればいいか？」ということを真剣に研究している人たちがいます。そのひとりがフロリダ州立大学のロイ・バウマイスター教授です。2011年に発表された、「終わったと考えよう！」というおよそ学術論文らしからぬタイトルがつけられた研究のなかで、バウマイスター教授はきわめてシンプルな方法を提案しています。

「未完了のまま課題を終えるときは、これからどうやって仕上げるか、計画を立てよう」

その理由について次のように説明しています。

「未完了の課題にわたしたちの心は占拠されます。ではどうすればいいのか？　終える際にほんの少しの時間を取って、これからどうやって仕上げるのか計画を立てることで、脳はその課題が終わったと認識するのです」

ある意味この方法は、脳の「クールダウン」といえるでしょう。どうしても仕事が時間通りに終わりそうにないとき、みなさんも試してみてはいかがでしょうか？

第2章

嫌いな上司を思い浮かべると仕事がはかどる？

さて、第1章では、集中するための「三つのテクニック」を述べたあと、「フロー」と呼ばれる超集中状態について簡単に説明しました。

そこで質問です。「三つのテクニック」が何だったか覚えているでしょうか。ほとんどの人の答えが「ノー」でしょう。安心してください。わたしもほかの人が書いた本であればまったく同じだと思います。自分の本なので覚えています。

① 気を散らせるモノを遠ざける
② いやいや始めない
③ 終わりの時間を決める

こうして見ると「あーそうだった！」と思い出しますね。たった三つも覚えられないなんて、集中力が足りない……と自分に失望しないでください。ここまではあくまで集中するためのキホンの「キ」のご紹介でした。なので、できなくて当然といえば当然です。

本章ではキホンの「ホ」くらいまでお話ししていきたいと思います。もちろん、次章では「ン」まで解説していきます。

さて、いきましょう。本章の内容はズバリ、フローの入り方です。

◉フローに入る2ステップ

結論から述べます。フロー状態に入るには、次の2ステップがあります。

①強いストレスを感じる

↓

②一気にリラックスする

まず覚えておいてもらいたいのは、フローをつくるには、ストレスとリラックスの両方が欠かせません。おそらくこれは、感覚としてわかってもらいやすいと思うのですが、たとえば締め切り前などは「ヤバい！」と強いストレスがかかります。

しかし、そのままでは慌てふためくだけで、目の前の作業に没頭することはできません。そこで必要になるのが、「まあ、別に間に合わなくても死ぬわけじゃないしな」というある種のあきらめです。つまり、強いストレスを感じたあと、一気にリラックスすると「すーっ」と仕事にのめり込むことができる。実際、そんな経験はないでしょうか？

わたし自身も誤解していたのですが、ストレスとリラックスは、真逆のものだと思われています。つまり、ストレスが上がるとリラックスは下がり、その逆もまたしかりだと。しかし、ストレスとリラックスは共存できるもので、両方とも高い状態が、フローだと考えられています。

ところで、「強いストレス」を感じたあと、「一気にリラックス」すると脳内ではどの

ストレス＆リラックス

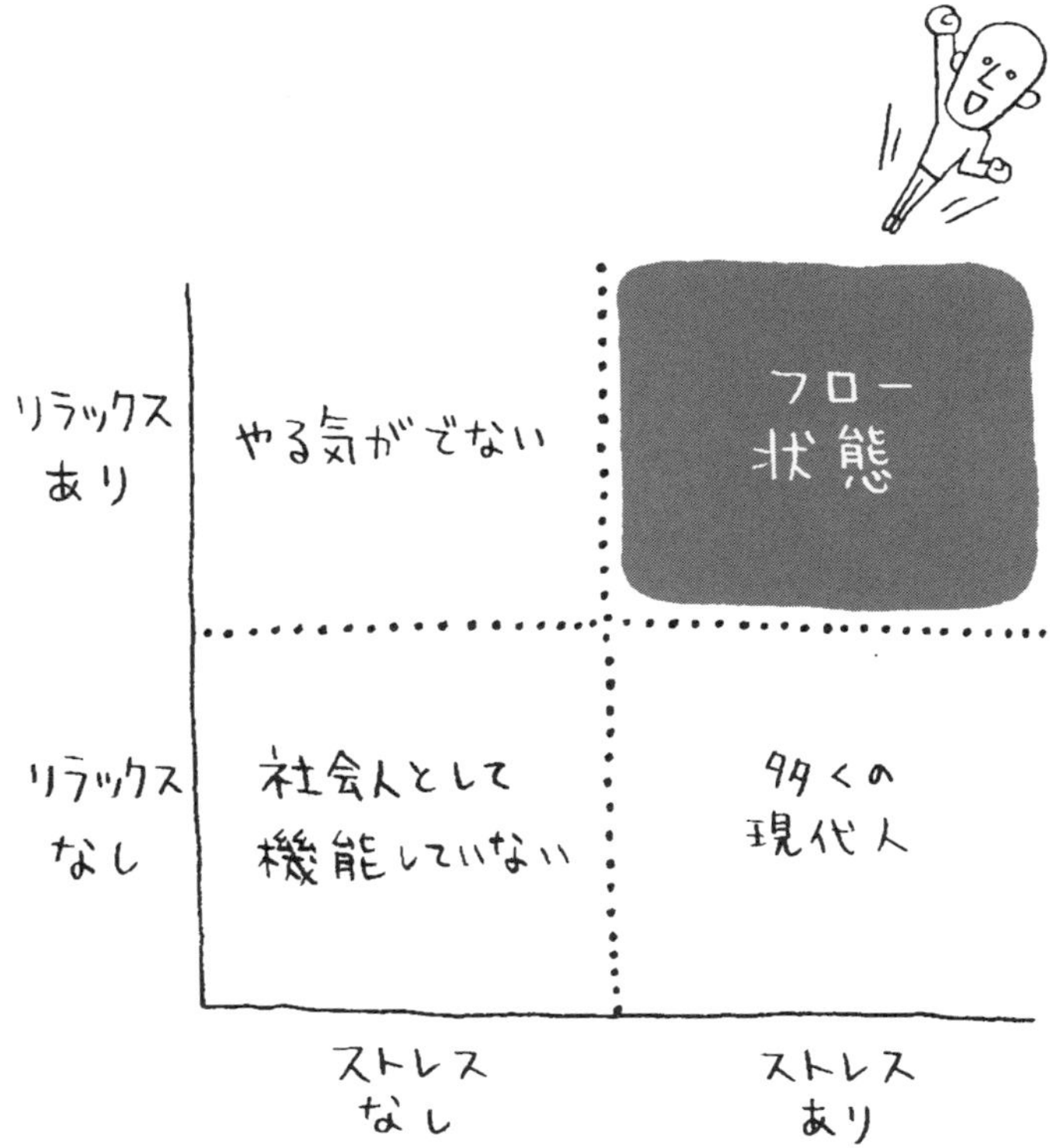

リラックスあり
やる気がでない
フロー状態
リラックスなし
社会人として機能していない
多くの現代人
ストレスなし
ストレスあり

ような作用が起こっているのでしょうか？　二つの説が有力とされています。ここで少し脇道にそれて、「フロー脳」について見ていくことにしましょう。

◉脳で何が起きているのか？

まず、古典的な説明から見ていきましょう。ここでご登場願うのは、ハーバード大学医学部のハーバート・ベンソン教授です。おそらくですが、フローについて最初に研究を行ったひとりです。

もともとリラックスの専門家だったベンソン教授は、ある時期から彼が「ブレイクアウト」と呼ぶピーク体験に関心を移していきました。本書でいう「フロー」ですね。すでに、古典的な研究から、ある一定程度のストレスがあったほうがパフォーマンスは高まることが知られていました（ヤーキーズ・ドッドソンの法則）。しかし、ストレスは高まりすぎてしまうと、今度は逆効果になってしまいます。

ほどほどのストレスはパフォーマンスを高める

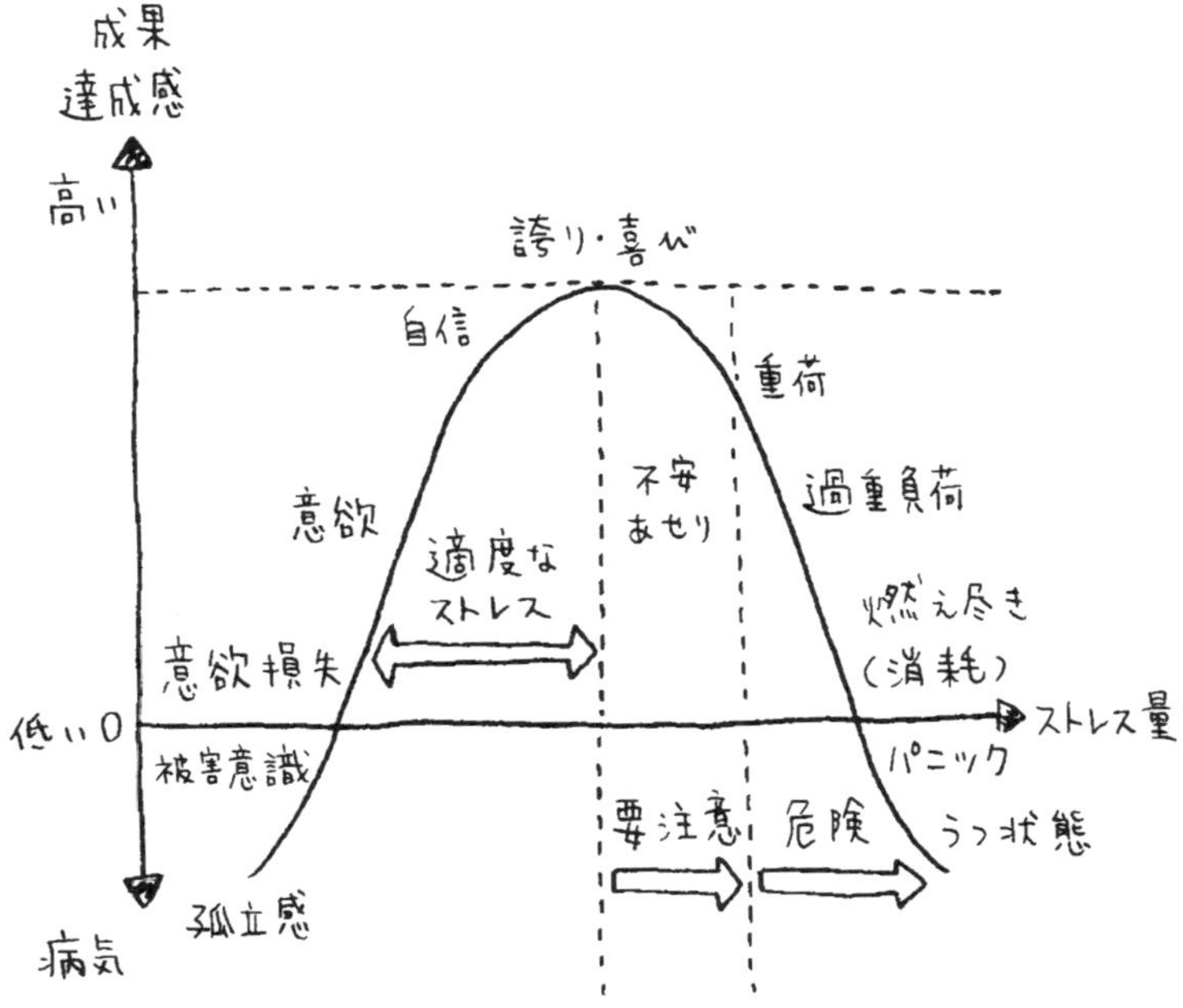

「ヤーキーズ・ドットソンの法則」を元に作成

出所：東京都労働相談情報センターHP

「ストレスのよい部分だけを取り出すことはできないだろうか?」

そう考えたベンソン教授は、実際に調べてみることにしました。その結果、ストレス時にリラックスすると、体内には大量の酸化窒素が流れ込み、それがストレスの悪い側面を抑えてくれることを見出しました。つまり、ストレスのあとにリラックスすることで、41ページの図でいう「山頂」にとどまることができるのです。

さて、次に見ていくのは最近の説です。聞きなれない単語が多く出てきますが、なんとなく理解していただくだけで十分です。

まずフローの話をする前に、一般的に「普通」のとき、脳内で何が起きているのかをご説明します。キーワードは、「シータ波」「ベータ波」「アルファ波」です。何やらカタカナが多くて混乱しそうですが、要はこういうことです。

シータ波　新しい刺激（情報）を処理する
↓
ベータ波　その刺激を分析する
↓
アルファ波　行動に移る準備をする

わたしたちの脳は、このように異なる波を入れ替えながら、外界の情報を処理・分析し、行動に移しているわけです。

では、フローのときはどうでしょうか？　最近の研究によれば、フローのときはとても面白い状態になっていて、「高シータ波」と「低アルファ波」が同時に出ている状態になっているそうです。別の見方をすれば、フローのときは分析を担当するベータ波が登場していないので、理性が落ちた状態ともいえます。

フローのとき脳で何が起きているのか？

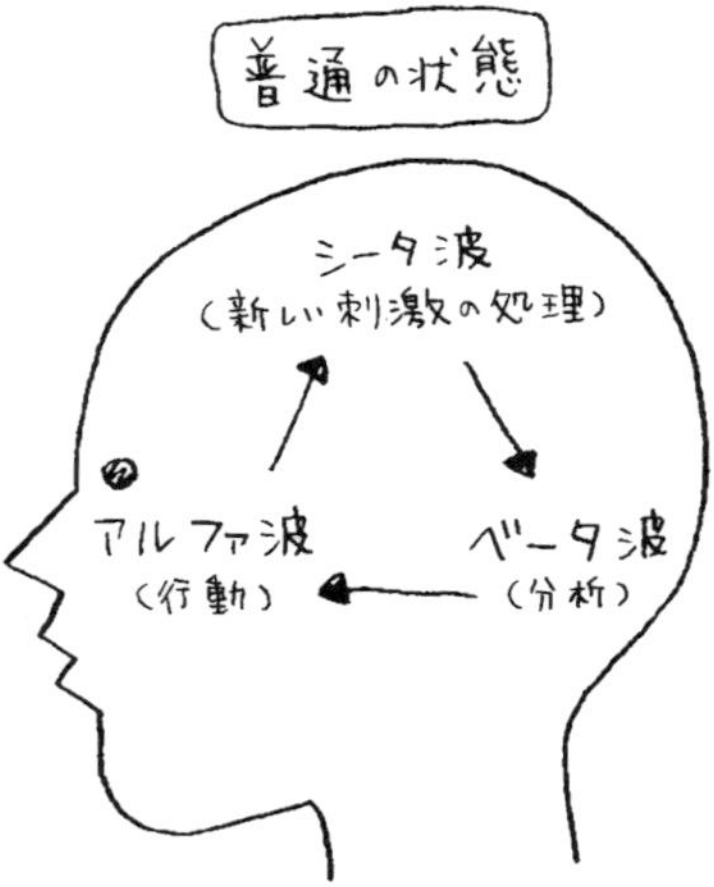

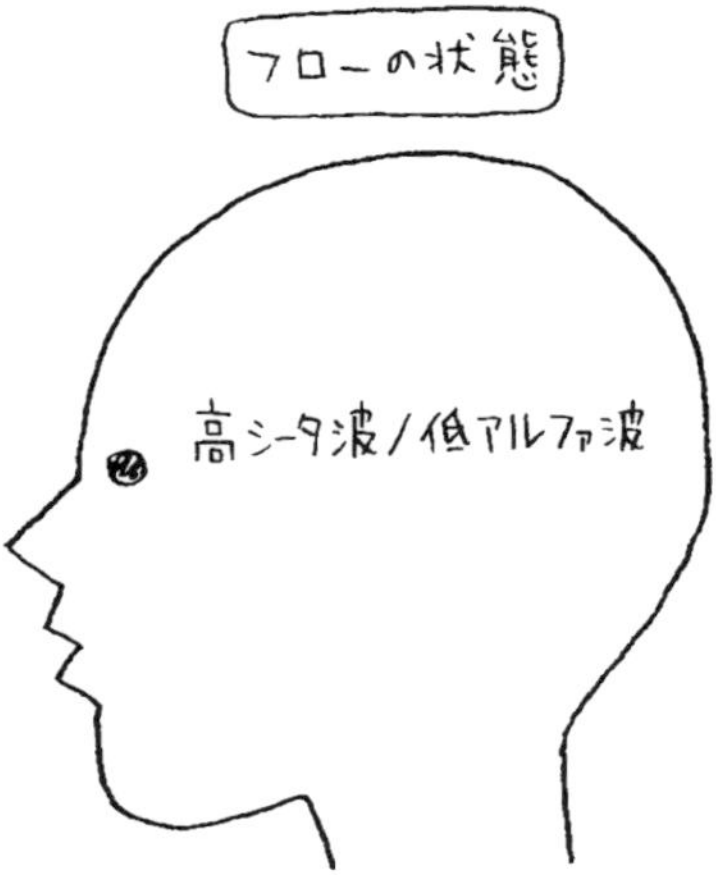

スティーヴン・コトラー『超人の秘密』を参考に作成

理性というのは、ある意味「森より木を見る」ということなので、フロー状態のときは「森を見る」大局観が働いているともいえます。実際、フロー状態は、クリエイティブなひらめきやアイデアが生まれやすいと指摘されています。

蛇足になるかもしれませんし、これ以上カタカナは勘弁してくれと思われるかもしれませんが、ご興味がある方もいらっしゃると思うので、もう少しだけ説明させてください。じつはフローに入っているときは、「ガンマ波」という第4の脳波が出やすいといわれています。これはひらめきの下準備をする脳波です。

そもそも「ひらめく」とは何でしょうか？

そんなことを研究している科学者がいます。それによると、ひらめく0・3秒前にガンマ波が出て、新しいアイデアが生まれると報告されています。

以上がフロー状態の脳内で起きていることです。

◉集中度を測定するデバイス

余談ついでに、もうひとつだけお話をさせてください。もしかすると、大変するどい読者の方は、すでに次のようにお思いかもしれません。

「そもそも、フローかどうかって、手軽に測れるの？」

大変ごもっともなご指摘です。というのも、「自分はいったいどのぐらい集中できたか」を手軽かつ客観的に測れない限り、何かを改善していくことは難しいからです。当たり前の話ですが、血圧をコントロールするという概念が生まれたのは血圧計が登場してからですし、体重管理も体重計が登場したから生まれたといえます。

では、フローの場合はどうでしょうか？　何か測定するような器具はあるのでしょうか？

わたしがこのフローの研究を始めた当初は、どれだけ探しても「フローを測れる手軽な器具」はありませんでした。唯一あったのは、アンケートで「どれだけ集中したか」をたずねるような、非常に主観的なものでした。

わたしは測定器具にはとくにこだわるタイプの研究者です。たとえば、わたしの研究分野のひとつにダイエットがあります。もうかれこれ15年近く研究していますが、当然最初に詳しく調べ上げたのが、体重計です。

おそらく、ほとんど知られていないと思いますが、日本でつくられる体重計は、北海道と沖縄とでは、異なる設定になっています。というのも、その二つの地点では人体にかかる引力が違うため、その影響を考慮しなければならないからです。最近はデジタル式の体重計が増えてきましたが、最初に「地域設定」をするようになっています。これは場所によって異なる引力を考慮するためにそうなっているのです。

話がとんでしまいましたが、要するに研究者として研究するうえで、客観的な測定器具は欠かすことのできないツールなのです。しかし、フローに関しては測定できるものがありませんでした。そこで、

「ないなら、つくればいい」

そう決意して、実際につくってみました。といってもわたしひとりでつくり上げたわけではなく、パソコン用眼鏡でおなじみのジェイアイエヌという会社と共同開発させていただきました。「世界初のフローを手軽かつ客観的に測定できる器具」です。

もともと同社でも「集中力を測れないか」という同様の問題意識を持って独自に研究開発を進めていたところだったので、1年という比較的短期間で開発できました。それがＪＩＮＳ ＭＥＭＥ《ミーム》というフローを測定できる眼鏡です。

使い方としては、眼鏡と専用のスマホアプリを用います。詳しいことはＪＩＮＳ Ｍ

集中力は測定できる!

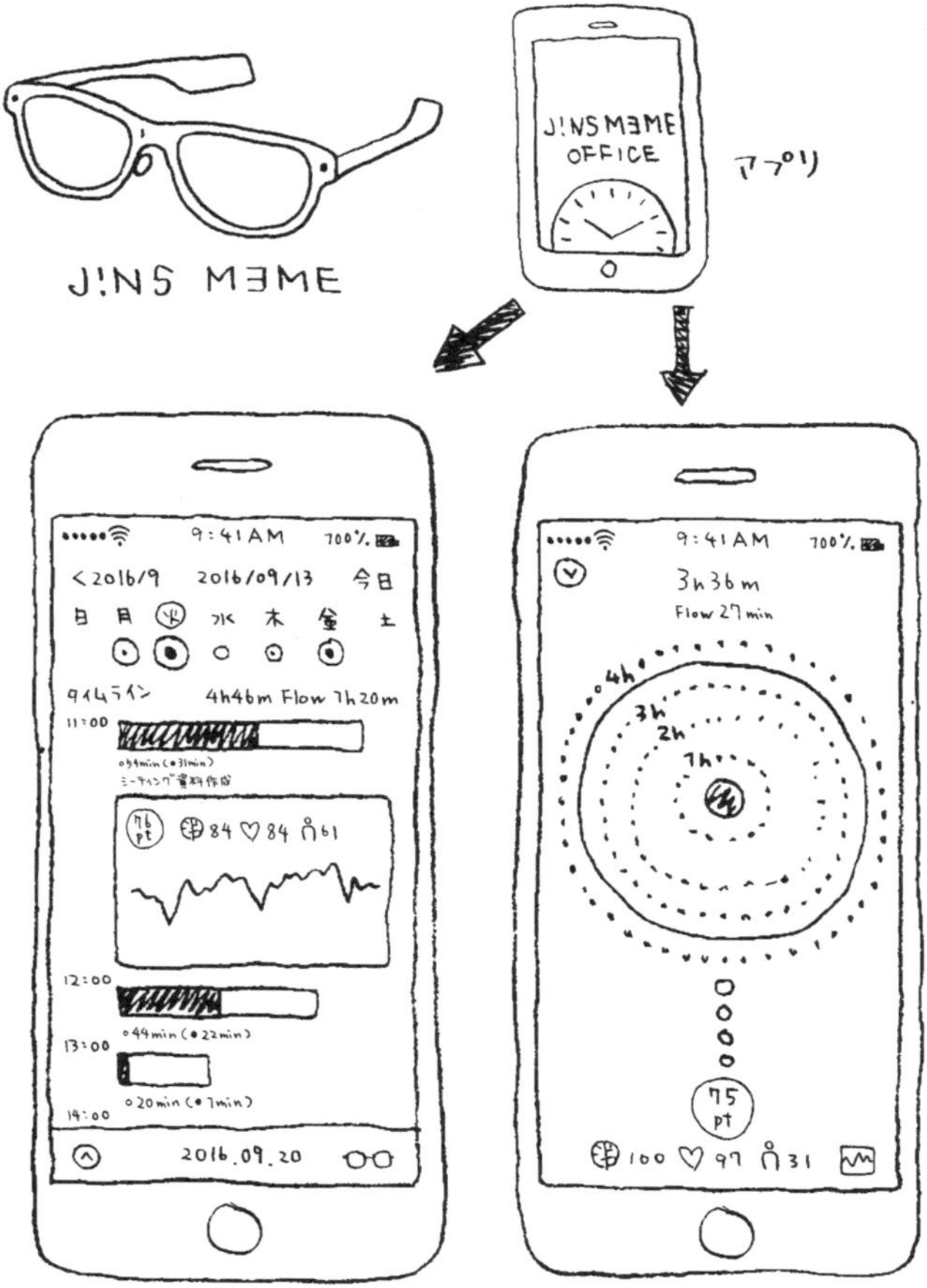

出所：株式会社ジェイアイエヌ「J!NS MEME」 https://jins-meme.com/ja

EMEのホームページを見ていただければと思いますが、機能面でいちばん重要な点だけ述べると、このデバイスは、「まばたきの頻度」を測ることができるようになっています。

なぜ、まばたきの頻度なのか？　これまでの研究から、人は集中しているとき、「まばたきの頻度が少なくなる」ことがわかっています。これは体感的にもわかると思います。集中しているとき、まばたきが減るような感じがしませんか？

とはいえ、人は目を開けっ放しでいることはできません。そんな状態が続いたら、ドライアイで大変なことになります。そのためフロー状態を続けるために重要になるのが、「まばたきの安定度」です。

専門用語なので、直感的には理解しにくいのですが、「まばたきの安定度」とは要するに、まばたきの強さが一定であるかどうかを示すものです。

あくまでイメージですが、「ギュー……パチパチ……ギュー……ギュー……」というようなまばたきは、安定しているとはいえません。「パチ……パチ……パチ……」というように、一定の強さでリズミカルに行うまばたきは安定しているといえます。ちなみに、まばたきの安定度は、リラックス度と同義です。

まとめると、「まばたきの頻度が少なく（集中）」かつ「まばたきが安定している（リラックス）」と、フロー状態が続いているといえます。

実際にこのデバイスの利用者500人のデータ分析をしたところ、いろいろと面白いことがわかってきました。たとえば、曜日や時間によって、集中力に波があるのです。着用時間のうち集中できている時間の割合が高かったのは、なんと日曜日でした。平日だと水曜日です。月曜日と金曜日の集中率は目立って低くなりました。また、時間帯でいえば、始業前の朝がもっとも集中力が発揮できて、そこから徐々に集中力が落ち、終業直前に少し持ち直す傾向がありました。サンプル数は少なかったのですが、深夜に着用していた人の集中力はかなり高くなりました。

これはあくまでも平均値ですので、誰もが水曜日の早朝に集中力が高くなるわけではありませんが、自分の傾向を知っておけば集中力の効果的な配分が可能になります。

曜日別のフロー状態の割合

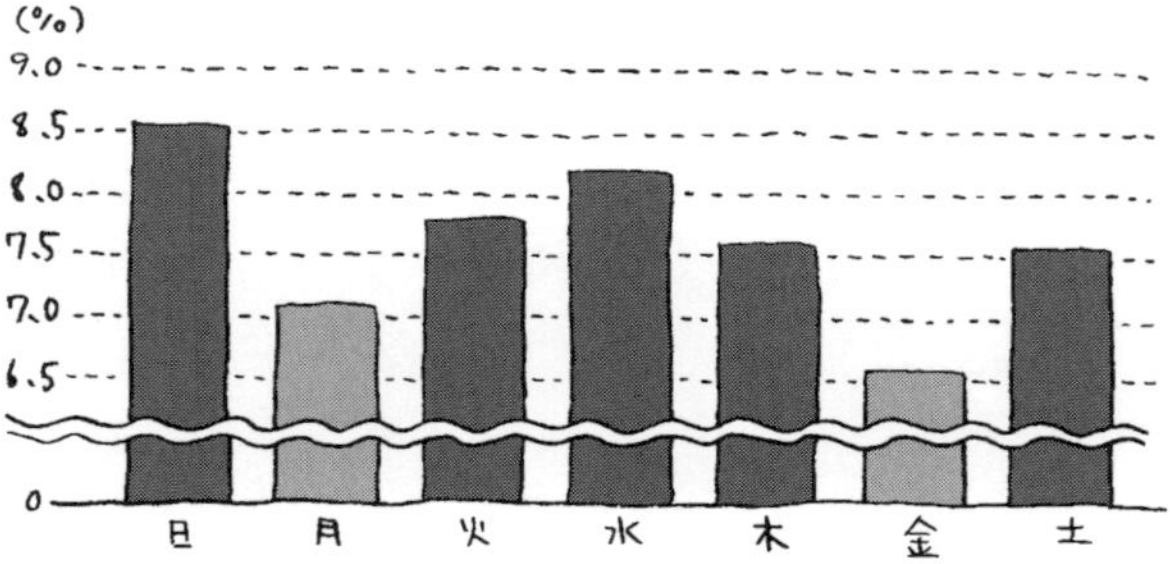

※2016年9月30日～12月18日のJINS MEME OFFICEユーザー500人のデータを基に解析

時間帯別のフロー状態の割合

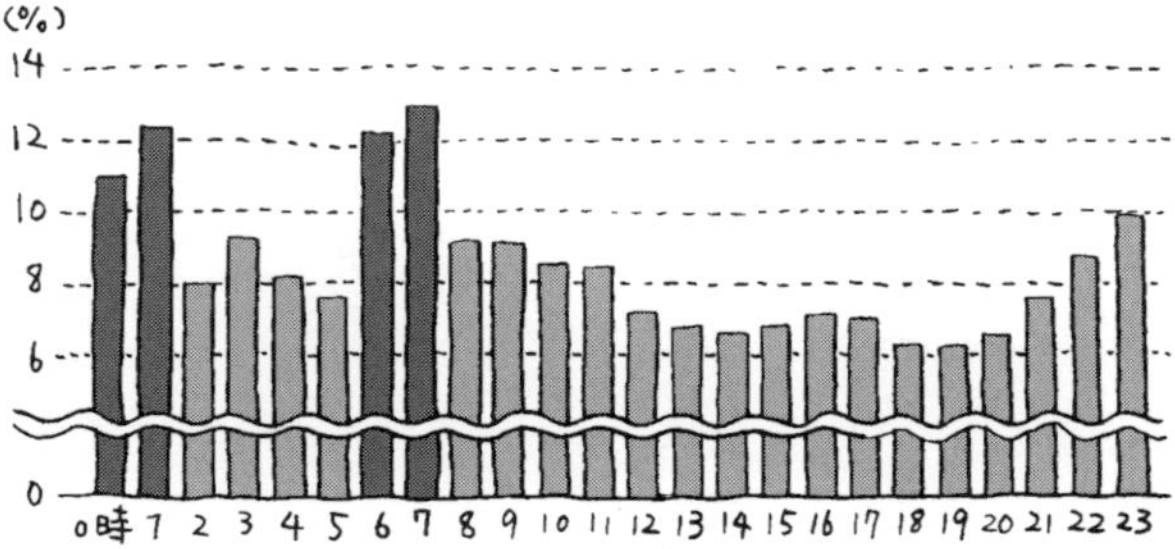

※2016年9月30日～12月18日のJINS MEME OFFICEユーザー500人のデータを基に解析

◉プロゲーマーのフロー

実際にこのメガネをかけて集中力を測定するという実験を行いました。

研究対象を選ぶときは、研究者の好みが反映されます。わたしの場合、「格闘ゲームが好き」というそれだけの理由で、ストリートファイターなど格闘ゲームの世界で活躍されるプロの方々を対象に実験をさせていただきました。

ひとりは、日本人初のプロゲーマーとなり、世界でもっとも長く賞金を稼いでいることでギネス記録を保持している梅原大吾さん。もうひとりは、梅原さんと並び世界の格闘ゲーム界において圧倒的な人気と強さを誇る、東大卒の異色のプロゲーマー、ときどさんです。

ただ実験するだけではもったいなかったので、テレビの特集番組のなかで実際に「ストリートファイターV」というゲームをやってもらい、お二人のフローを測定しました。

その結果、面白いことがわかったのです。

まず東大卒ゲーマーのときどさんですが、最大の特徴は、瞬時に極度な集中状態に入ることができる一方で、リラックス（まばたきの安定度）が足りない傾向がある、ということでした。スタートダッシュはものすごいのですが、時間がたつとバテるタイプです。また、攻撃をくらうと集中力がぐっと下がるというクセも見られました。この結果が示唆しているところは、ときどさんはリラックスの仕方を覚えることで、もっと強くなる（フローに入れる）可能性がある、ということです。

一方、世界最強のプロゲーマー梅原さんは、対戦中は終始高い集中力を見せただけでなく、リラックス度もときどさんよりも高い傾向がみられました。

まさに「フロー」に入り続けていたのです。ちなみに試合結果は、梅原さんの圧勝でした。

ときど選手の試合中の集中状態

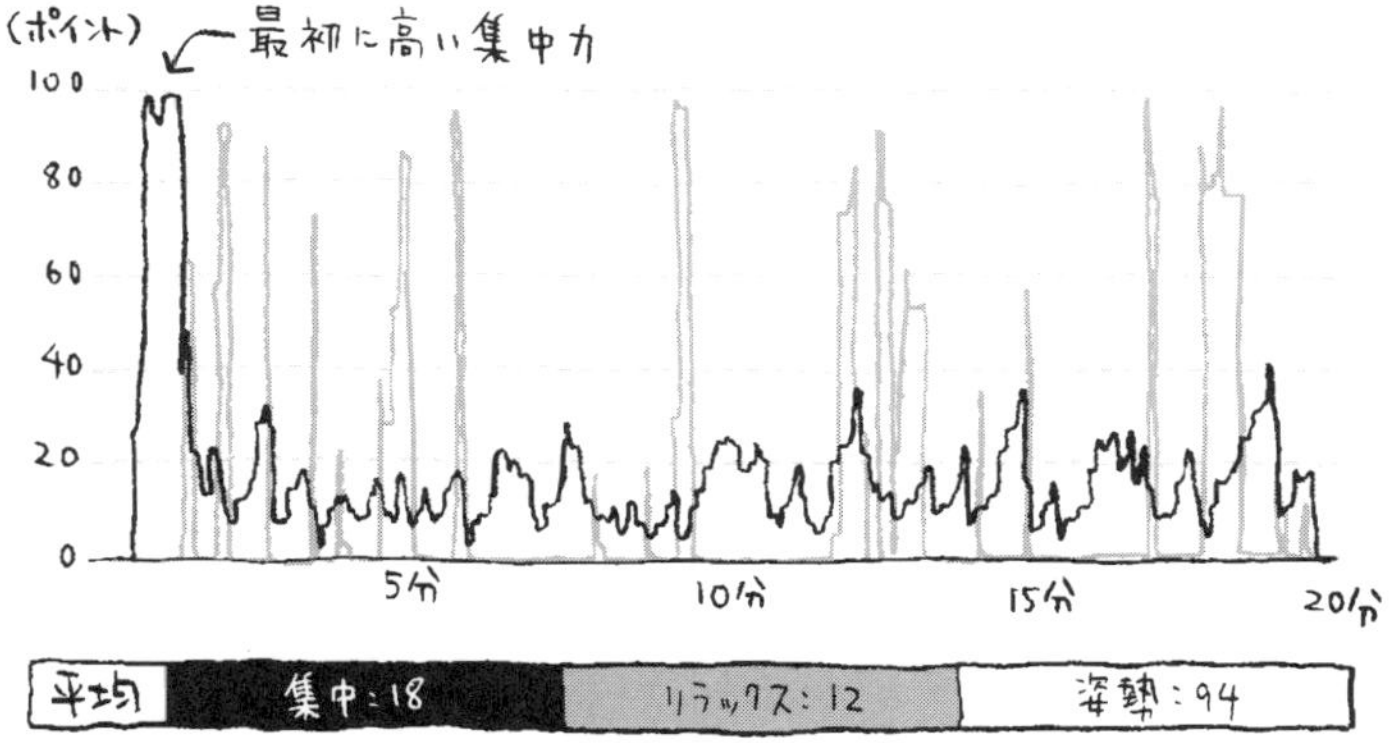

梅原選手の試合中の集中状態

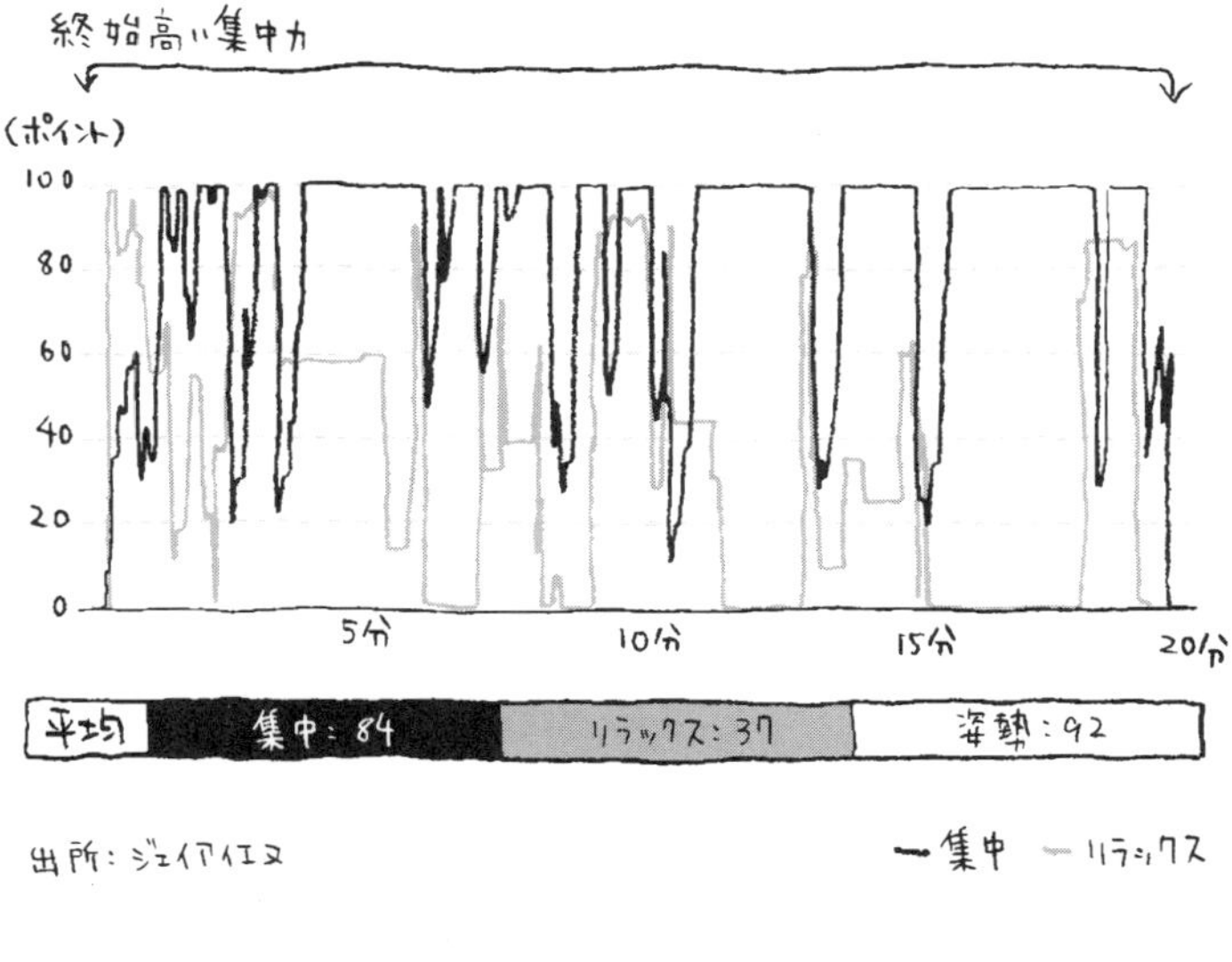

出所：ジェイアイエヌ

━ 集中　━ リラックス

測定可能であるからといって、つねに記録をつけている必要はありません。しかし、自分がいつ、どれくらい、何をやっているときに質のよい集中ができているのかを測定しないことには、フィードバックが得られないので改善のしようがありません。測定の目的は、具体的にどこを改善するとフローに入りやすくなるかを見ることです。

◉恐怖や怒りを感じたらチャンス！

話を元に戻しましょう。ストレスとリラックスの落差があるほど、フロー状態に入りやすくなるという話でした。つまり、強いストレスをかけて、一気にリラックスすると、集中力が高まるのです。

ここからは、もっと具体的に「強いストレスとは何か？」についてお話ししていきましょう。

簡単にいうと、強いストレスとは、「強い感情」です。

意外に思われるかもしれませんが、この場合、感情の種類は問いません。ネガティブでもポジティブでもOK。ストレスをかけるという点では、脳は感情を区別しないからです。「さあ、やるぞ！」というワクワクした気持ちでもいいし、「なんでこんな仕事をしなきゃいけないんだ！」という怒りでもいい。「締め切りに間に合わない！」という切迫感も強いストレスになります。

ちなみにアルバート・アインシュタインが一般相対性理論を完成させたときは、奥さんとの離婚訴訟の泥沼にありました。強烈なストレスが日々かかっていましたが、研究中はとてもリラックスできたと述べているので、まさにフローに入っていたのだと推察されます。

また、こんな方法も有効です。それは、「嫌いな上司を思い浮かべる」というものです。そんなにイライラすることを思い浮かべたら、集中できるはずがないと思うかもしれません。そこで重要になるのが、その後に一気にリラックスすることです。

では、リラックスのポイントは何でしょうか？　その答えは「呼吸」にあります。

◉リラックスは呼吸から始まる

わたしたちは、毎日息をしています。しかし、あまりにも無意識な行為であるため、「息とは何か？」とあらためて問われると戸惑ってしまいます。

分析的に考えると、息を吸うときには交感神経が、息を吐くときには副交感神経が働いています。交感神経は興奮や緊張状態にあるときに優位になるのでストレスがかかる。それに対して、副交感神経はリラックスした状態にあるときに優位になります。

ですから、簡単にいえば、呼吸をコントロールすれば、ストレスもリラックスも自由自在です。息を「スッスッスッ」とたくさん吸えば、それだけストレスがかかります。一方、「フー」と深く吐けば、大いにリラックスできるのです。つまり、リラックスするには、深く呼吸する必要があるのです。

わたしはスポーツ選手を対象にした研究も行っているのですが、一流選手ほどこの深い呼吸がうまい印象があります。たとえば最近、相撲の稽古を直接見る機会がありました。番付の高い力士と低い力士を比べると、この深呼吸の度合いがまったく違ったのです。

番付が低い力士は、稽古が終わると、呼吸を乱したまま、ゼーハーしている。これでは心拍数が上がって、余計に苦しくなってしまいます。一方、強い力士は、稽古後も姿勢を正し、ゆっくりと呼吸をすることで回復を早めていました。

たかが呼吸、されど呼吸です。深呼吸ひとつとっても、いろいろなやり方がありますが、ここでは「3・2・5法」を紹介しておきましょう。3秒吸って、2秒溜めて、5秒ゆっくり吐く。なぜ2秒溜めるかというと、溜めた方が酸素と二酸化炭素の交換がうまくいくからです。

深い呼吸をするためには、背筋を伸ばすことが必要です。

ノートパソコンやスマートフォンを使うと、どうしても背中が曲がって猫背になりがちです。背中が曲がっていると、横隔膜を使うことができないので、呼吸が浅くなるだけでなく、首や肩が痛くなります。

目線がまっすぐになれば、おのずと背筋は伸びてきますが、肩こりや腰痛を防ぐためには、次の2点も重要です。

①足をぶらぶらさせず、足の裏をしっかり床につける

②骨盤を立てて座る

前著『疲れない脳をつくる生活習慣』でも紹介しましたが、お手本は坂本龍馬です。

①と②が完璧にできています。

この状態で深い呼吸をすれば、それだけでリラックス状態をつくることができます。

座り方のお手本は龍馬

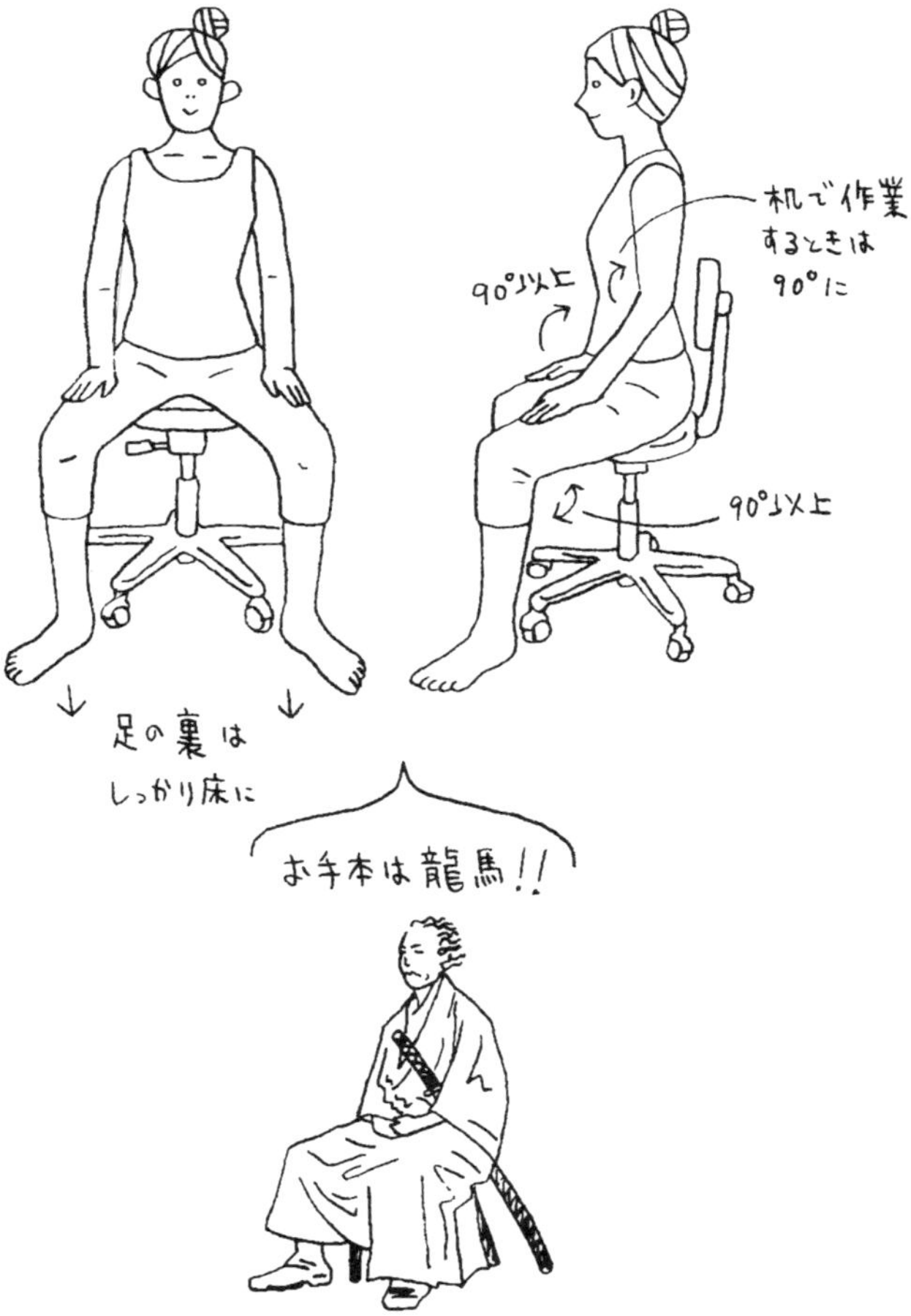

◉集中力アップは椅子選びから

正しい姿勢を保つうえで、ネックになるのがオフィスチェアです。

一般に、オフィスで使われている椅子は、人間工学にもとづいて、どんな姿勢でも身体に負担がかからないように設計されています。背もたれがついているのもそのためです。しかしこれでは、意識しないとなかなか背筋が伸びません。

そこで注目したいのが、トレインという会社が開発した「アーユル チェアー」です。

この椅子は、背もたれがないかわりに、「腰あて」がついています。座面は通常の椅子よりは少し小さく、それをまたぐように脚を開いて座ると、自然に骨盤が立ちます。そして立った骨盤を背もたれではなく腰あてが支えることで、正しい姿勢を固定するという仕組みです。

わたしが姿勢がよくなる椅子を探し求めて、ようやく出合った究極の仕事椅子がこれ

アーユル チェアー

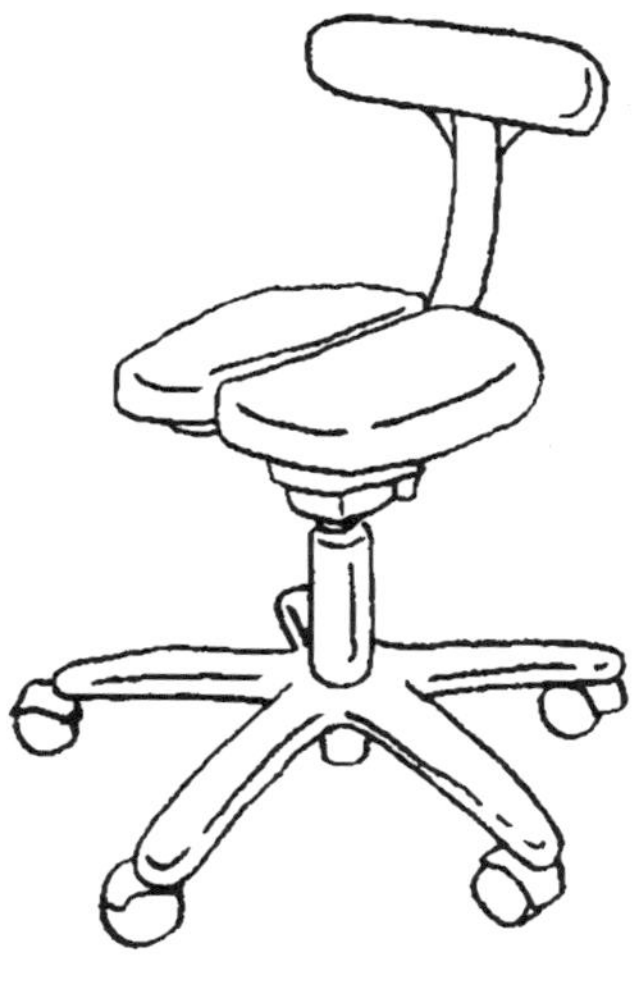

出所：www.ayur-chair.com

です。欧米人に比べて背中側の筋肉よりお腹側の筋肉のほうが発達しているため、日本人は椅子に座ると姿勢が悪くなる傾向があるという問題意識から、この椅子が開発されたそうです。日本人向けに「坐骨で座れて、骨盤が立つ」という設計になっています。

この椅子を使い始めてかれこれ1年近くたちますが、たしかに一般の椅子とはまったく違います。正直な感想を言えば、座った直後は若干の違和感があります。というのも、短期的な快適さを目指していないからです。しかし、長時間座ってもまったく疲れない点では、群を抜いているように思います。

同社の実験によると、普通の椅子では30分も座るとストレスを感じ始めますが、アーユル　チェアーは時間がたつにつれてリラックス度が増すという結果が出ています。この椅子はすでに、集中力を高めることを目的に、学校や塾など複数の教育機関をはじめ、企業でも導入されています。

コラム2　感情は王様、理性は家来

「我々は人間についてあまりにも知らない。絶望的に知らなすぎる」

わたしの大好きな作家である、ヘルマン・ヘッセの言葉です。高校生のときにヘッセと出会ったわたしは、それ以来「人間とは何か？」という問いを追及してきたように思います。

たとえば、脳。わたしたちは毎日「脳」を使って生きているわけですが、はたしてどれだけの人が、脳の構造についてきちんと習ったことがあるでしょうか？　おそらくほとんどないと思います。個人的には、小学校で歴史を教えるのなら、脳の歴史についても教えるべきだと考えています。

人間の脳は3層構造になっています。

「理性」を司る、大脳新皮質（新しい脳）
「感情」を司る、大脳辺縁系（真ん中の脳）
「習慣」を司る、大脳基底核（古い脳）

ここで注目したいのは、「理性」と「感情」の関係です。よくわたしは「感情は王様、理性は家来」とたとえます。というのも、脳内で絶対的な権限を持たされているのが、「感情」という王様だからです。どれだけ家来である「理性」が小賢しいことを進言してこようとも、「うるさい！」と抑えつけてしまうのが「感情」なのです。

しかし、こんなわがままな王様を静かにさせる方法がひとつあります。それが「マインドフルネス」です。日本の禅をベースにしたこの方法は、不必要に湧いてくる感情を落ち着け、理性的に判断・行動できるようになるとして、世界的に注目を集めています。

新しい脳と古い脳

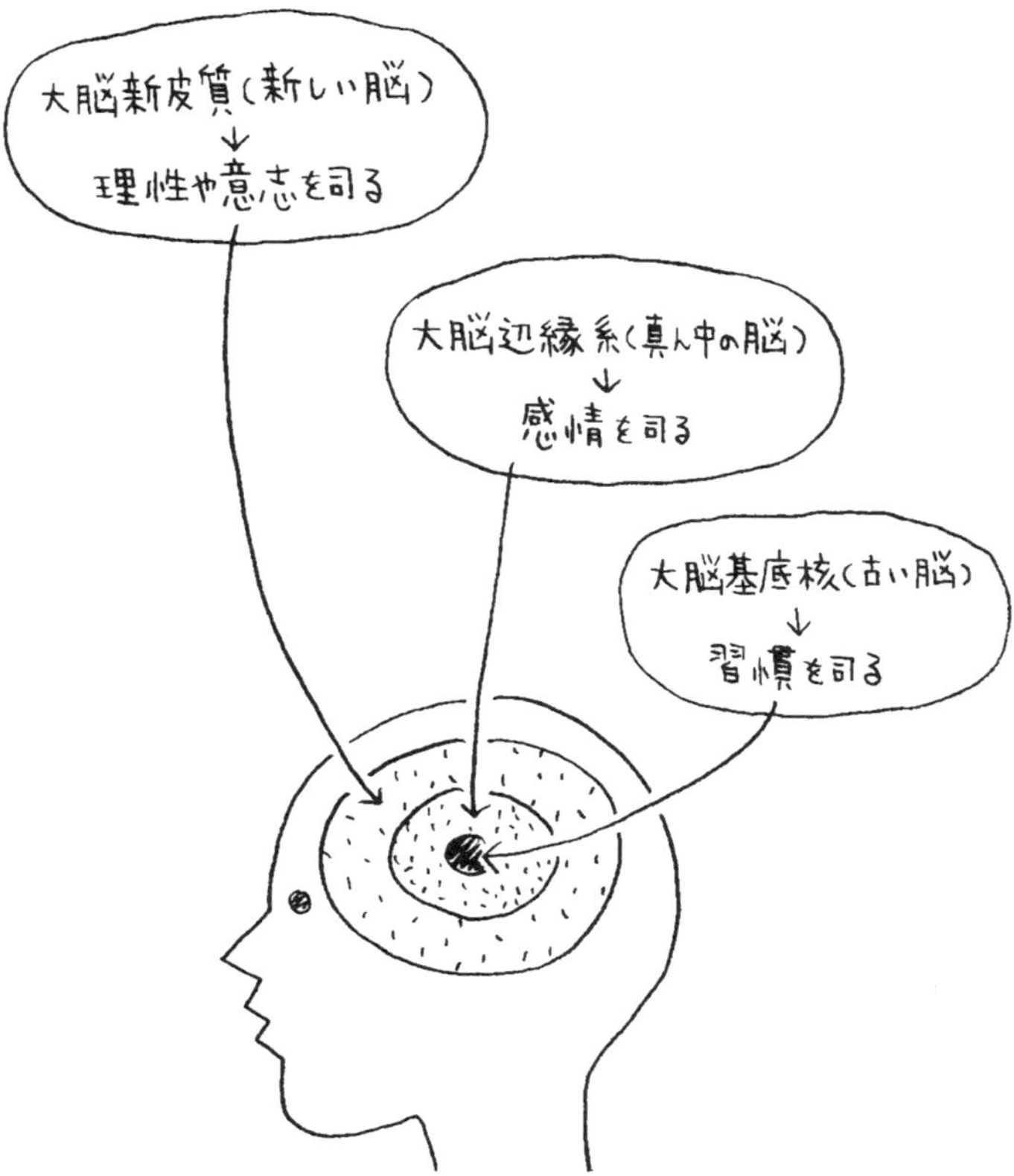

第3章

「小さな目標」を立て続ける

さて、ここまで「フロー」に入るためのキホンの「キ」と「ホ」を見てきました。あまりしつこいと嫌われますが、大事なことなのでもう一度だけ書いておきます。

まず第1章では、うかつに仕事を始めず、次の三つに留意することが重要だという話をしました。

①気を散らせるモノを遠ざける
②いやいや始めない
③終わりの時間を決める

次に第2章では、「フロー」に入るための2ステップを見てきました。

①強いストレスを感じる
②一気にリラックスする

さて、本章で見ていくのは、キホンの「ン」です。端的にいえば、「フロー」に入り続けるための方法論です。ハッキリいって、いちばんややこしいところです。話の内容としても、抽象度が一気に上がるので、もしかしたら「よくわからんぞ」とお叱りを受けるかもしれません。できるだけわかりやすく説明していくので、集中力を切らさず、ついてきてください。それでは早速いきましょう。

◉大きな夢より、小さな目標

もう集中力が切れそう、という方のために結論から述べます。「フロー」に入り続けるために大事なこと。それは「小さな目標」をうまく立てることです。

当たり前の話ですが、簡単なことを繰り返したり、上司から命じられた仕事をただこなすだけでは、没入するような「フロー」は生まれません。仕事に没入するためには、目の前の仕事に対して「小さな目標」を設定することが重要になります。

目標というと、「○○大学に合格する」とか「売り上げを倍にする」など、中長期的に実現したいことを思い浮かべがちです。いわゆる、「大きな夢」ですね。でも、「フロー」は現在に没入することですから、目の前の勉強やトレーニング、仕事のひとつひとつに対して、具体的な目標を設定することが欠かせません。

たとえば会議に出席するのなら「必ず2回は発言する」という目標でもいいし、資料をつくるなら「A4用紙1枚にまとめる」でもいいでしょう。メール返信のような日々の作業に対しても、自分なりに「こういう一言を加えてみよう」と、新しい課題を設けることが「小さな目標を立てる」ということです。

ここで重要になるのは、「小さな」という点です。これは決して、「簡単な」という意味ではありません。

簡単にできるようなトレーニングや仕事ばかりでは、脳が飽きて没入することはできないからです。かといって難易度が高すぎると、「自分には無理」「こんなことできるだろうか」とあきらめや不安が集中を阻害します。その中間の、難易度が高すぎも低すぎもしない目標が、「小さな目標」です。

とはいえ、概念としてはなんとなく理解できても、具体的に「小さな目標」とはいったいどんなものでしょうか？

◉1万時間の法則から学べること

ものごとを理解しようと思ったとき、有効な方法のひとつが、対立概念と比較してみることです。たとえば、「小さな目標」に対しては、「大きな夢」が対立概念にあたります。

一般的に、「大きな夢」を持つことは奨励されていますが、「小さな目標」に関してはほとんど焦点があてられていないように思います。極端な例かもしれませんが、子どもに「大きくなったら何になりたい？」とはたずねても、「いまからやる砂場遊びで、昨日とは違うどのような小さな目標を持っているの?」とは聞かないものです。

しかし、過去の研究を振り返ると、日々「フロー」に入るうえで大事なのは、「大きな夢」ではなく「小さな目標」です。そのことを明らかにした先駆者が、フロリダ州立大学のアンダース・エリクソン教授です。

エリクソン教授は、マルコム・グラッドウェル氏が紹介した「1万時間の法則」のもととなる研究をした心理学者として知られています。その分野で超一流といわれる人たちは、熟達するための練習に1万時間以上を費やしているという話を聞いたことがある人も多いのではないでしょうか。

しかし、これまた当たり前の話ですが、漫然と1万時間費やしても意味がありません。エリクソン教授によれば、次のような条件を満たす練習を1万時間やってはじめて、達人といわれるレベルまで到達できると報告しています。

・他者の視点で設計された具体的な計画がある

・反復可能なことである
・結果へのフィードバックが継続して得られる
・精神的に負担があり、集中が要求される
・面白くない、苦手なことへの取り組みである

こうして箇条書きにすると、ちょっとわかりづらくなりますが、誤解を恐れずシンプルにいえば、難しすぎず、かといって簡単すぎない「小さな目標」といえます。

さて、前置きはこれくらいにして、いよいよギアを上げていきます。次に見ていくのは、「小さな目標」の立て方に関する研究です。

◉トップアスリートに学ぶ小さな目標の立て方

これからお話しするのは、わたし自身が携わった研究の内容です。

2015年、わたしは元プロ陸上選手の為末大さんといっしょに、オリンピック選手やプロゲーマーなど、世界で活躍する日本人アスリートを対象にインタビュー調査を行いました。

こんな話をすると、「そもそも何でおまえが為末さんと研究しているのだ?」とツッコミを受けそうなので、先にその話をしたいと思います。JINS MEMEの共同研究のときもそうでしたが、基本的にわたしの研究スタイルは、「ご縁があって知り合った人と面白いことを追求する」というものです。

ひょんなことからわたしは、為末さんとシェアオフィスをすることになりました。研究を開始する1年前のことです。すると、必然的にオフィスで顔を合わせる機会が増え、いろいろなことについてディスカッションするようになりました。

ご存じの方も多いと思いますが、為末さんは「走る哲学者」とも呼ばれるくらい、スポーツのみならず世の中のあらゆる事象に対して、キラリと光る視点を提供してくれます。それは、常識に染まりきったわたしたちの目を、まさに哲《あき》らかにしてくれるものです。そんな為末さんと日々ディスカッションするのはとても楽しいのですが、とくにわたしの興味を引いたのが、次のような視点でした。

「夢が大事とみんないうけれど、本当にそうなのか？　僕のまわりを見渡しても、夢はほとんど叶っていない」

これは科学的な問いに直すと、「どのような目標設定をすると、高いパフォーマンスを発揮できるのか？」となります。もちろんこの問いは抽象度が高いので、もう少し細かく分解する必要があります。為末さんとも議論を重ね、最終的に次のような問いを追いかけることにしました。

・長く活躍した選手は、短命に終わった選手と比べて、目標設定に違いがあったか？
・限界にぶつかったとき、それを乗り越えた選手はどのような目標設定をしたのか？

この2点に焦点を絞って、調査を開始することにしました。すると、すぐにわかったことがあります。それは当時のわたしたちにとって衝撃的なことでもありました。

「大きな夢を持っていないアスリートなどいない」

……当たり前ですね。でも、これは調査を行ううえで、わたしたちの大きな指針となりました。なぜなら、「大きな夢ではない、別の目標設定法が重要なはずだ」ということを意味していたからです。

さまざまなトップアスリートの方にご協力いただき、結論として到達したのが、次にご紹介する「小さな目標設定の2段階モデル」です。

◉小さな目標は2段階で設定する

トップアスリートに共通していたのは、日々の練習において、「大きな夢ではなく、小さな目標」を設定していたことでした。これはエリクソン教授の発見と同じです。

ただ、わたしたちが注目したのは、もっと具体的に「どのような小さな目標を設定していたのか？」という点です。すると大変面白いことがわかりました。

それをご紹介するにあたり、先にご覧いただきたいのが、80ページの図です。これは限界を突破し、長く活躍した選手に共通する特徴を描いたものです。

縦軸は動機が内的か外的かを表していて、上に行くほど外的動機に向かっていることを示します。一方の横軸は、右に行くほどパフォーマンスが高くなることを示しています。

アスリートにおけるパフォーマンスと動機の関係

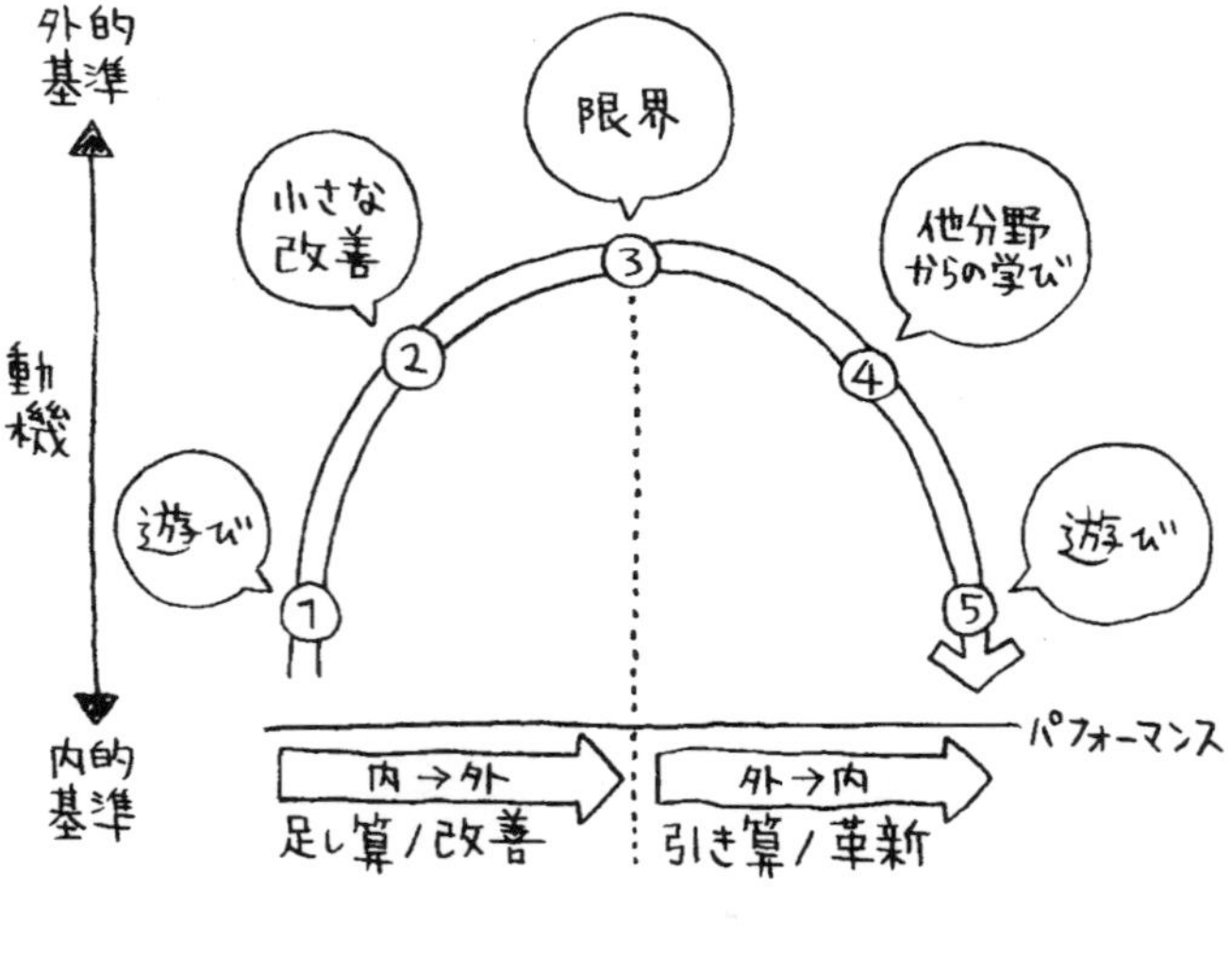

出所：DIAMOND ハーバード・ビジネス・レビュー 2017年2月号

すみません、ひとつ説明し忘れていました。いきなり動機が「内的」だとか「外的」だとか言ってしまったので困惑されたと思います。

補足しますと、そもそも目標は、(金銭や昇進などの)外的動機に結びついた目標と、(楽しみや意味などの)内的動機に結びついた目標の二つに分けることができます。

従来の組織心理学という分野では、外的動機よりも内的動機のほうが高いパフォーマンスと関連すると報告されています。「もっと稼ぎたい」「1等賞になりたい」といった外的動機は、それがある程度達成されると、目標喪失に陥りやすいのに対して、内的動機は、自分の内側からわいてくるものなので、踏ん張りがきくからです。

しかし、わたしたちは研究の結果、長く継続してパフォーマンスを上げようとした場合、この外的動機と内的動機を時期に応じて使い分けて「小さな目標」を設定することが重要だという結論に達しました。

あらためて図を見ていただくとわかるように、ほとんどのアスリートは、競技を「遊び」として始めています(図の①)。つまり「楽しい」「面白い」という内的な理由で始めているのです。

そこからある一定のパフォーマンスができるようになると、「プロになりたい」「メダルを取りたい」という大きな夢が芽生えます。

繰り返しになりますが、一般的に夢を大きく持つことはよいことであるとされています。しかし、アスリートに話を聞く限りでは、大きな夢を抱くことそのものが後のパフォーマンスを決定的に左右するわけではないことがわかりました。むしろ、トップアスリートに共通していたのは、日々の練習における「小さな改善」（図の②）の重要性です。

つまり、「小さな目標」を適切に設定できるかどうかで、最終的なパフォーマンスに大きな違いを生んでいたのです。

たとえば「オリンピック出場」という大きな夢は、「歩幅を1センチ広げる」といった「小さな目標」に分解できます。それをひとつずつクリアして「小さな改善」を続けることで、継続的なパフォーマンスの向上につなげていました。

そして、ここでは、1秒でも速く走るといった外的動機が大きな役割を果たすことも明らかになりました。つまり、始めるときは内的動機だったとしても、次第に外的動機に基づく目標設定に切り替え、その基準を上げていくことでパフォーマンスを向上させていたわけです。

◉成長の限界のその先へ

「小さな改善」を積み重ねていくと、ある時点で成長の「限界」が来ます。さきほどの図でいうと③にあたりますが、この状態はもはや小さな改善をやりつくした、これ以上何をやっても成長しない状況といえます。

たとえば為末さんは、世界で銅メダルを取るところまではいきましたが、さらに上のメダルを取る自分はどうしてもイメージできなかったといいます。もはや改善の連続ではパフォーマンスが向上しないレベルに到達していたのです。ここで、トップアスリートと呼ばれる人は、さらにパフォーマンスを上げるために「他分野からの学び」を取り入れます（図の④）。

読書家である為末さんの場合は、歴史家ヨハン・ホイジンガの著書『ホモ・ルーデンス』（遊ぶ人）から影響を受け、「遊ぶように走る感覚を得たい」という内的動機に基づく「小さな目標」を立てることで、外的動機からの逆算では到達しえない境地へとみずからを革新していきました。結果として3度オリンピックに出場し、引退した現在も400メートルハードルの日本記録保持者です。

他分野からの学びは、大局的に自身を振り返るきっかけとなり、「走ることとは何なのか？」という競技の本質の再発見につながります。そして最終的には、積み上げて複雑になりすぎたものが削ぎ落とされ、競技を始めた頃の「遊び」（図の⑤）感覚へと回帰していくのだと推察されました。

成長の限界を超える方法として、第2章でご紹介したプロゲーマーの梅原大吾さんにも興味深いエピソードがあります。
ある年の世界大会でのこと。試合前夜、梅原さんは悩んでいました。直前の日本大会で優勝したため、そもそもモチベーションが上がらなくなってしまったのです。

「なぜ自分はこんなにやる気が出ないのか？」

それを考えたときに「賞金が邪魔している」と思い至りました。ちなみに世界大会の賞金は1000万円を優に超えます。梅原さんは「世界でもっとも長く賞金を稼いでいるプロゲーマー」としてギネス記録を保持しているほどですから、もはや賞金という外的動機は、やる気に結びつかなくなっていたのです。
ではどうすればと考えて、「賞金を寄付するのはどうだろう」と、ふと思いつきました。何位になるかわからないけど賞金は全額寄付しよう。それを黙っておいて勝ったあとで「賞金は全額寄付します」と発表したらみんなが驚くだろう。そうイメージするとワクワクしてきて、試合でも久しぶりにフローに入れたそうです。結果、準優勝して750万円を全額アメリカの学校に寄付しました。

人に寄付すること自体に突き動かされたのか、周囲が驚くだろうと想像して興奮したのかよくわからない、と本人は話していましたが、いつもと同じことをやっていたら勝てないだろうという局面で、目標設定を内的動機に基づくものに変えたとき、自分にギアが入るということを彼は発見したわけです。

このように、ずっと第一線で活躍し続けている人は、一見同じことをやっているように見えても、じつは毎回違う目標設定を試しながら、飽きたり疲れたりしないように上手に自分をコントロールしているのです。

◉漫然と続けても成長はない

さて、ここまではアスリートについての研究をベースに話してきましたが、ビジネスでも同じことがいえるのではないでしょうか。ビジネスパーソンでも高いパフォーマンスを上げ続けている人は、「小さな目標」を設定するのが上手なのだと思います。たとえば、これから行う1時間の仕事に対しても、なんとなく始める人と、事前に「小さな目標」をきちんと設定している人ではアウトプットが違ってくるでしょう。

ビジネスパーソンの場合は社会人になってから仕事を始めるため、スタート時点では内的動機よりも外的動機が強いかもしれません。しかしその後のプロセスは同じです。外的動機をうまく活用して「小さな改善」を重ね、一定の「限界」を感じたところで内的な動機に向き合い、「他分野からの学び」を得ながら革新へと向かうというプロセスです。

この一連のプロセスで重要なことは、がむしゃらな意志の力ではなく、不断の試行錯誤にほかなりません。

つねに自分を疑い、試行錯誤しながら「小さな目標」を立て続けた場合は、一時的に

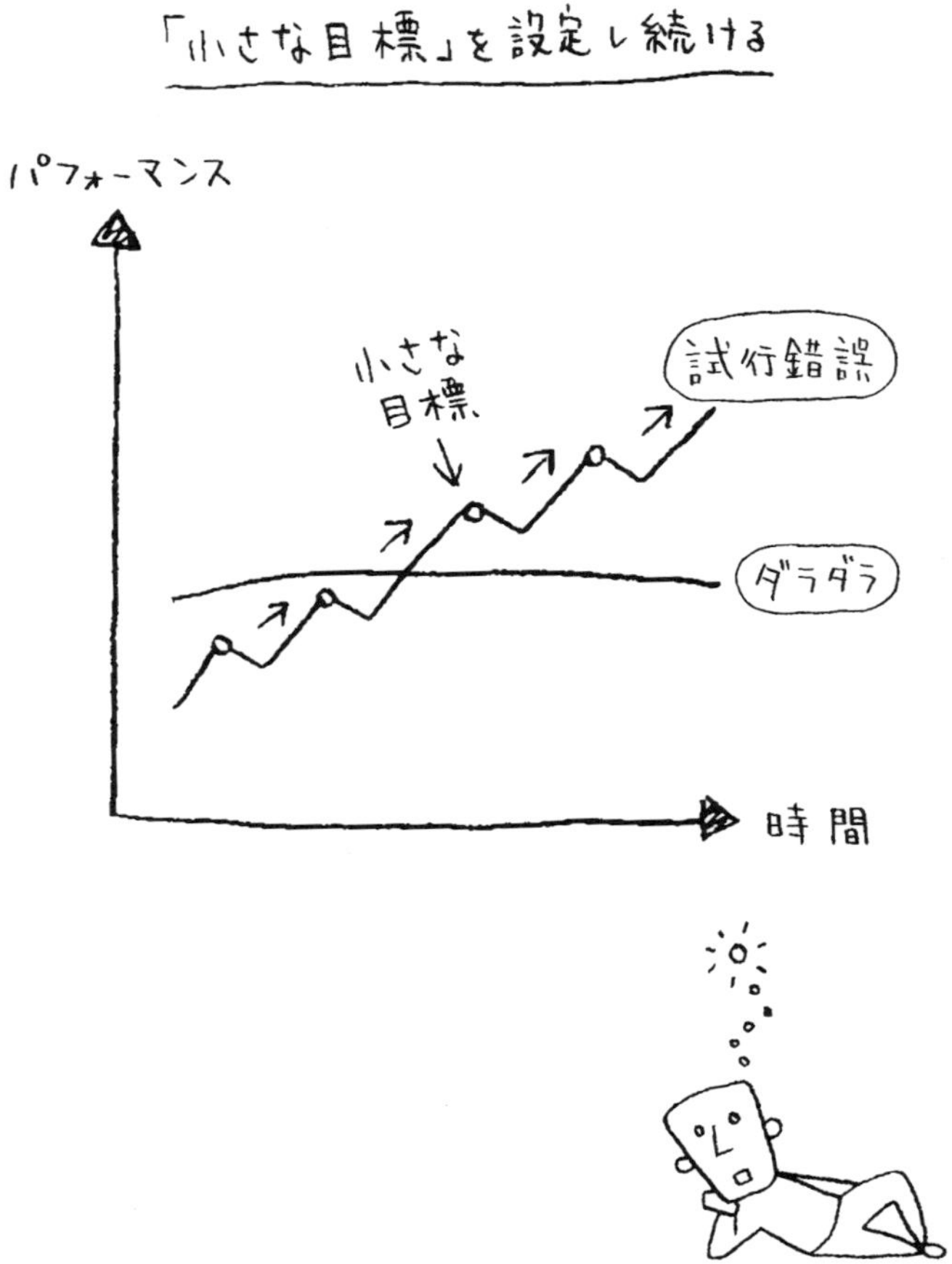
「小さな目標」を設定し続ける
パフォーマンス
小さな
目標
試行錯誤
ダラダラ
時間

パフォーマンスが低くなるときがあっても、全体として右肩上がりに成長していくはずです。

ただ読者の方からはこんな反論も聞こえてきそうです。

「小さな目標を立て続ける？　そんな面倒くさいことやってられない」

たしかに、日々の一つひとつの仕事に対して、毎回「小さな目標」を設定し続けることは、とてつもなく面倒くさいことです。そもそも、毎回目標を設定できるほど、創造的な仕事ばかりではないかもしれません。

しかし、アスリートでも事情は一緒です。彼らはもっと単純なことをやっている場合もあります。どんなに単調に思えることでも、自分を飽きさせないように工夫しながら「小さな目標」を設定し続けられた人だけが、限界を突破し、新しい革新のフェーズに入り、パフォーマンスの向上を続けることができるのです。

かなり抽象的な話をしてきたので、そろそろみなさんの集中力も限界かもしれません。まとめるとこうなります。

フローに入り続けるための秘訣は、「小さな目標」を立てること。

こんな誰でもできることを、誰もできないくらい続けた人だけが、質のよい、強い集中状態を保つことができるのです。

コラム3 リカバリーと集中

「トップ選手とそうでない選手は何が違うのか?」

そんなテーマの研究で一躍世界に名をはせたのが、スポーツ心理学の権威であるジム・レーヤー氏です。テニス選手を対象とした研究から、レーヤー氏は次のような発見をしました。

「トップ選手は、ひとつのプレーを終えたあと、巧みに集中力を高めている」

テニスという競技の特徴は、1試合のうち実際にプレーしている時間は35%しかありません。残りの65%は、次のプレーのための準備をする時間です。レーヤー氏の研究によると、トップ選手とそうでない選手を分かつのは、この65%の時間を使っていかに「リカバリーし、集中力を高めるか」だといいます。

トップ選手であれ、並の選手であれ、プレー直後は強いストレスがかかっています。並の選手がそのストレスを引きずる一方、トップ選手は次のような4ステップを実施し、うまくリカバリー&集中を行っているそうです。

①ポジティブな言葉かけをする
②（肉体・感情の）リラックス
③（これから起こることを）頭のなかでリハーサルする
④動作に入る前のルーティーン

この4ステップは、わたしたちでも使えます。たとえば、ランチから戻って席につくときでも、なんとなく椅子に座るのではなく、次のようなステップを踏んでみるのです。

①よし、これから集中するぞ！（ポジティブな言葉かけ）
②軽いストレッチ（リラックス）
③これからやる仕事のプロセスを確認する（頭の中でリハーサル）
④姿勢を正して座り、パソコンを起動する（動作に入る前のルーティーン）

もちろん、毎回このようなステップを踏むのは面倒くさいかもしれません。しかし、イチロー選手や五郎丸選手は、このようなステップを何万回も繰り返すことで、大きな成果を上げてきました。

みなさんも、気分は一流スポーツ選手になったつもりで、試してみてはいかがでしょうか？

ルーティーンいろいろ

第4章

「考えるためのプロセス」を定型化する

さて、本書はこれまで、フローに入るための基本的なポイントを見てきました。なるべく具体的なテクニックをお伝えしてきたつもりですが、第3章あたりから抽象的な内容が増えてきたので、戸惑われたかもしれません。

これは「不調→普通」を狙いとした前著『疲れない脳をつくる生活習慣』との大きな違いです。というのも、不調からのリカバリーは、マインドフルネスや睡眠、姿勢、食事など、具体的なテクニックを実施すればかなりの程度可能なのです。

しかし、「普通→好調」という本書のテーマは、正直、テクニックだけでどうにかなる話ではありません。**ある前提条件を満たしていないと、フローには入りにくい**からです。それはいったい何でしょうか？

◉フローの前提条件とは？

じつはこの点については第3章でサラッと触れています。1万時間の法則でおなじみのエリクソン教授は、集中してものごとに取り組むためには次の条件が必要になると述べています。

反復可能なことである

「あれ、そんなのありましたっけ？」と思われた方は、一度75ページまで戻ってみてください。実際にはもっと多くの条件が書かれていますが、話をシンプルにするため、本章ではこの条件に絞って見ていきます。

ただ、これだけだとよくわからないので、もう一歩踏み込んで考えてみましょう。

「そもそも、反復可能とは何か？」

ここで禅問答をしたいわけではないので、とりあえず本書では次のように定義しておきます。

反復可能＝プロセスが定型化されている

要するに、「プロセスが明確であれば反復しやすい」という当たり前のことをいっているだけです。逆にいえば、どうやるのかプロセスが不明確なことは、反復しにくく、気も散りやすくなります。

そのような意味で、これまでのフロー研究は、主にスポーツや音楽を対象にしてきました。たとえば、イチロー選手がバットを振る、五郎丸選手がボールを蹴る、世界的なピアニストが名曲「カノン」を演奏する、という一連のプロセスは素人目にもあきらかです。

しかし、わたしたちが実際に仕事において集中しなければならないのは、バットを振ったり、ボールを蹴ったり、ピアノを弾いたりすることではなく、ほとんどの場合は「考える」ことです。ということは、**集中して考えるための前提条件として、「考えるためのプロセス」そのものを定型化する必要がある**のです。

では、考えるとは何でしょうか?

いきなりそんなことをいわれても困りますよね。そもそも、みなさんは「考えるとは何か」を考えたことありますか? 少なくともわたしは35歳になるまで、ただの一度もありませんでした。研究者という考えることを生業にしている人間としては、あまりにお粗末としかいいようがありません。

しかし、本書のテーマはあくまで「働く人のための集中マネジメント講座」です。ということは「考えるとは何か」という問いを避けて通ることはできません。

そしてここに「普通→好調」をテーマとした本書の根源的な難しさがあります。

◉「考えるとは何か？」を考える

よく考えれば、納得がいく話です。考えるというプロセスを定型化できていないと、そもそもちゃんと考えられているのかどうか評価しにくいですし、なにより第3章で述べた「小さな目標」を立てることができません。

ただ、ここまで読まれて、次のような疑問を持たれた方もいるのではないでしょうか。

「考えるプロセスって、定型化できるの？」

はい、じつはわたしも、同じような疑問を持ちました。もちろん、できないと決めつけてしまえば楽なのですが、世の中を見渡すと「ロジカル・シンキング」や「デザイン思考」など、特定の思考形態については、それなりに定型化されているようです。

定型化できると、集中しやすくなるだけでなく、誰にでも上達の道が開かれます。たとえば、世界的に知られているIDEOというデザイン会社があります。アップルの初代マウスを設計したことで有名ですね。この会社が躍進した理由のひとつに、「デザイン」というきわめて複雑なプロセスを体系化したことがあります。そのおかげで、デザイン会社としてはめずらしく、天才のひらめきに頼らない、スケールしやすい組織運営がなされています。

あるいは近年、「クリエイティブ思考」についても、体系化が進められています。研究を行っているのは、ヘブライ大学のジェイコブ・ゴールデンバーグ教授です。

1999年、権威ある科学雑誌「サイエンス」に掲載された論文のなかで、ゴールデンバーグ教授らは「体系化され、かつ反復可能な」クリエイティブ思考を提案しました。それは大きな反響を呼び、いまや世界各地の企業で取り入れられています。ちなみに、ゴールデンバーグ教授らが提案した手法は、『インサイドボックス』（文藝春秋）という本で読むことができます。

話を元に戻しましょう。集中して考えるためには、「考えるプロセス」を体系化する必要があります。誤解のないようにいっておくと、ここでの「考える」は、ロジカル・シンキングやデザイン思考など、個別の思考形態ではありません。もっと一般的な「考える」というプロセスを指しています。

ただ、「なぜそこまで抽象的な視点を持つ必要があるのか？」と思われるかもしれません。そんな面倒なことをするより、はじめから具体的な「ロジカル・シンキング」などを学んだほうが手っ取り早そうに思えるからです。でも、ちょっと待ってください。抽象的な思考は面倒そうに見えてじつは近道なのです。なぜなら、こういうことがいえるからです。

「視点を上げると、視野が広がる」

つまり、最初から大きな枠組みで「考える」をとらえたほうが、迷路の全体像を把握することができるので、遠回りに見えてフローへの近道になるんですね。

そう、全体像は最初にとらえた者勝ちなのです。

ということで、いよいよ本章のメインディッシュに移りましょう。少しでもみなさんのご参考になればうれしいのですが、「考えるとは何か?」についてわたし自身はどう考えたのか、これからお話ししていきたいと思います。

◉問いを細分化する

まず告白しないといけないのは、意気揚々と「考えるとは何か?」を考え始めたものの、思考がまったく進まなかったということです。それこそ、5秒もたつと思考は完全に停止状態です。

研究の世界では、思考が進まないのは思考力のせいではなく、そもそも「問いの設定が間違っている」と考えます。そこでわたしは、問いを小さく分解することにしました。

では「考えるとは何か?」という問いは、どのように分解できるでしょうか。もちろん正解などありません。どのように分解してもOKです。たとえば最初、わたしは次のように「時間軸」で分解して取り組んでいました。

ステップ① いかにして考え始めるのか?
ステップ② いかにして考えを進めるのか?
ステップ③ いかにして考えをまとめるのか?

時間軸で整理するというこのアイデアは、突き詰めるとこれはこれで面白い結論に帰着したのですが、とりあえず本書ではここまでにしておきます。

というのも、考える「内容」で分解したほうが、わたし自身の研究に役立ちましたし、おそらくビジネスという文脈でも効果的ではないかと思うからです。

◉「考える」領域を三つに分けてみた

時間軸に替わる軸としてわたしが思いついたのは次のようなものです。

Primitive（原始的）― Complex（複雑）

この軸を使うとわたしたちが考える「内容」で考え方を整理することができます。このアイデアは進化論からヒントを得ました。

一般に物事はPrimitive（原始的）なものから、Complex（複雑）なものへと変わっていきます。これを「考える」ということに適用した場合、次のように定義できます。

Primitive ＝ 前例のない挑戦
Complex ＝ 考えつくされた領域

実際は、この二つの領域の間に中間領域があるので、一般にわたしたちが考える「内容」は、次の3領域に分類できます。

①前例のない挑戦（Primitive）
②中間領域
③考えつくされた領域（Complex）

「そんなの当たり前じゃん」と思われるかもしれませんが、あらためてこのように整理してみると、面白いことに気がつきました。

ためしに、横軸にこれら「3領域」を、縦軸に考える「自由度」と「情報量」をとると、次のページにあるような図が描けます。

このシンプルな図は、わたしに鋭い洞察を与えてくれました。というのも、「考えるプロセス」が、領域によって異なることが容易に想像できたからです。

まず、「前例のない挑戦」を行うときは、参考になる情報がないため、きわめて自由に考えることができます。ここで使うのは、「直観」です。科学の世界では、「直観とは暗闇に向かってヤリを投げることである」と表現されるのですが、自分の感性のおもむくまま、自由に決めていいのが直観です。

次に「中間領域」では、ある程度の情報量と自由度があります。ここでは「論理」を使います。先ほどの例を使えば、「暗闇の中に軍隊を送り込んでヤリを探す。それが論理だ」と表現されたりします。もう少し厳密にいえば、ロジックを積み重ねる演繹法や、データから法則を見出す帰納法を活用することが「論理」の本質です。

最後に、「考えつくされた領域」では、情報の海に溺れ、考えるための自由度が一見

取り組む領域によって条件が異なる

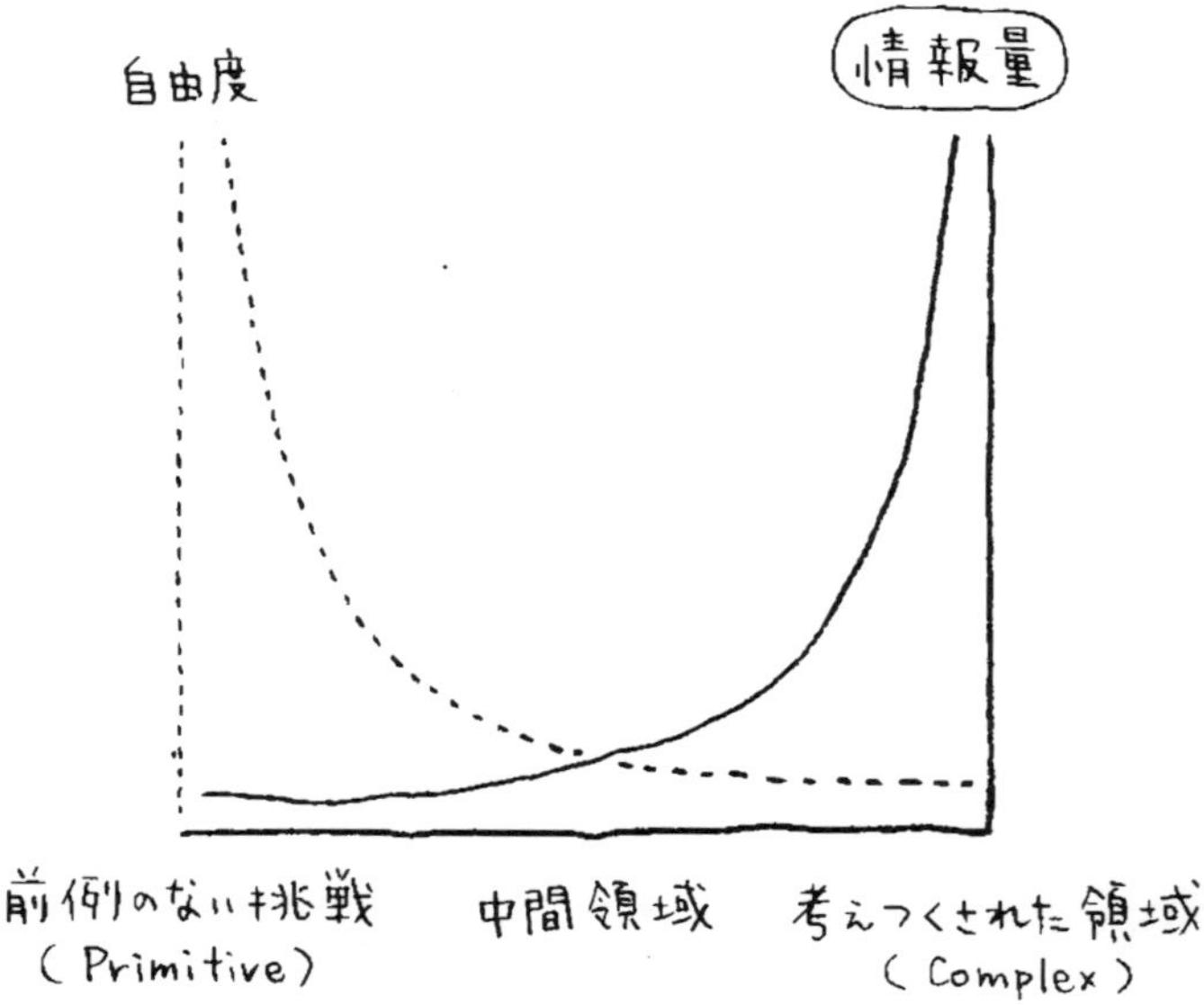

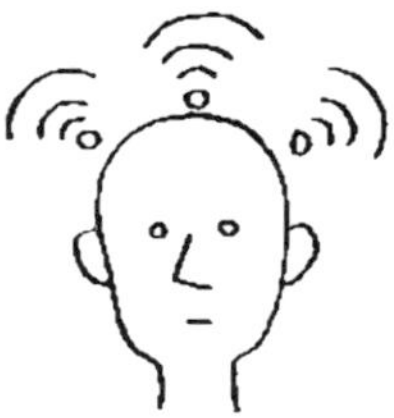

ほとんど残されていません。ここで頼りになるのが「大局観」です。この大局観についてはあまり馴染みがないと思うので、章末のコラムで詳しく解説します。

◉考えるプロセスは6パターン

さて、ここで一度整理しましょう。ここまで、わたしがどのように「考えるとは何か?」を考えてきたかご説明してきました。そして、考える「内容」で整理すると考えるパターンには少なくとも3種類あることに気がつきました。

前例のない挑戦　＝　直観
中間領域　＝　論理
考えつくされた領域　＝　大局観

少し横道にそれますが、さらに考えを進めると、これら三つの思考法の「向かい側」には、別の思考法があることにも気づきました。

まず、「直観」に対しては「ひらめき」です。脳科学的に見ると、直観は好き・嫌いといった「感情」をベースにした思考法なのに対し、ひらめきは完全に思いつき、つまりランダムな思考法です。

そして、「論理」に対しては「経験」、「大局観」に対しては「バイアス」です。このあたりを詳しくお話ししていくとキリがないので、ここではなんとなくそうなのか、と理解していただければ十分です。

念のため申し上げておきますと、どれが正しくて、どれが間違っているということではありません。時と場合に応じて、それぞれの思考パターンを使い分ければいいだけです。結局、大事なのはアウトプットです。そこに至るまでのプロセスが「論理」なのか「経験」なのか、それはどちらでもいいのです。

「領域別」考えるための方法論

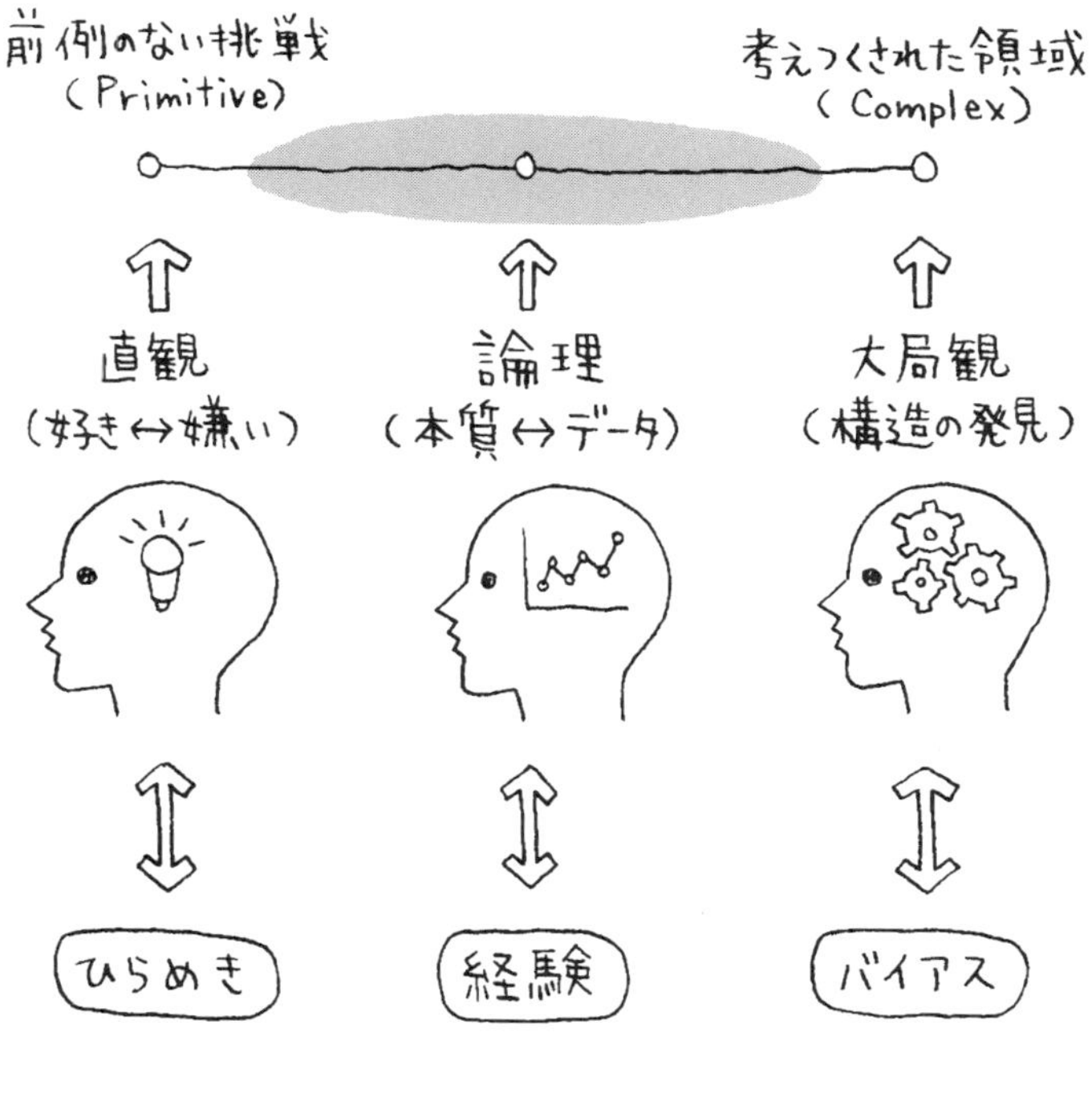

ただ、「どれだけ安定したアウトプットを出せるか?」、あるいは「組織として体系化できるか?」という視点からは次のことがいえそうです。

安定した思考パターン ⟶ 直観、論理、大局観
不安的な思考パターン ⟶ ひらめき、経験、バイアス

ということで、「考える」というプロセスを大きな枠組みでとらえると、どうも6パターンに分類できそうだと現時点でわたしは考えています。もちろん何より大事なのは、こうして「考えるとは何か?」を自分で考えてみることです。すると、「そもそも自分はどう考えているのか」を俯瞰的に評価し、改善していくことができます。あるいは「なんであいつは考えられないのか?」と感じたとき、その人たちが具体的にどの思考パターンを使っているのか診断できるようになるはずです。診断できれば、処方するのは簡単ですね。

これまた余談になりますが、よく「もっと考えてこい！」という指示をしている人をたまに見かけます。それは、あまりに乱暴というか、レベル感でいうと「地球を平和にしてこい！」と同じくらい無茶な指示に見えます。おそらくですが、そのようなあいまいな指示をしている人は、「考えるとは何か?」を考えたことがない人のはずです。試しに、「考えてこい！」という人を見かけたら、次のように聞いてみてはいかがでしょうか。

「そういうあなたは、考えるとは何かについて、考えたことありますか?」

まあ、本当にやると怒られると思いますが（笑）、怒るということは「痛いところをつかれた」と本人自身が感じている証拠です。

さて、本章は終わりです。かなり抽象的な話をしてきましたが、何がいいたかったかというと、**フロー状態に入り、没頭して考えるための前提条件として、「考えるためのプロセス」そのものを定型化する必要がある**ということでした。

もう少し具体的にいえば、**「自分がどこの領域を考えていて、それに対してどういったアプローチで取り組むべきなのか」**という点が大事であるということです。たとえば、前例の無い領域に対して、ロジカルに納得感を追求したところで不毛な争いにしかなりません。そこは直観的に「えいや！」と決めるかどうかの領域ですから。

本章で述べたのは、あくまでひとつのアイデアにすぎません。やはり重要となるのは、他人のふんどしで「考える」真似をするのではなく、みなさんご自身が「考えるとは何か？」という問いに向き合うことだと思います。

コラム4　構造を発見する「すごいブレスト法」

「本当の発見の旅とは、新たな地を探すことではなく、新たな目で見ることだ」

20世紀を代表するフランスの作家、マルセル・プルーストのこの言葉は、まさに「大局観」のことを示しています。第4章では、考えるための三つの方法論として、直観、論理、大局観をご紹介しました。

おそらくこのなかで、もっとも馴染みがないのが「大局観」だと思います。

直観はよく「女性の直観」などというわれ方をしますし、論理も「ロジカル・シンキング」としてよく知られています。しかし、大局観については、わたし自身、それがいったい何であるのか腑に落ちる説明を聞いたことがありませんでした。

そんなわたしに「大局観とは何か？」を教えてくれたのが、日本が世界に誇る天才ビジネスデザイナー、濱口秀司さんです。濱口さんによれば「3段階のブレスト」をすれば、比較的簡単に大局観に至ることができるといいます。

まず、レベル1のブレストでは、アイデアを箇条書きで書き出します。たとえば、「新しいペットボトルの形」というテーマで、とにかく思いつくままに書き出してみます。普通のブレストなら、そのなかからなんとなく決めるという流れですが、大局観にたどり着くためにはここから先が重要です。

レベル2のブレストでは、視点の発見を目的にします。レベル1で出たアイデア一つひとつについて、「これはどういう視点から生まれたものか」を考えます。たとえば、「なぜそれがいいと思ったのか?」を振り返って考えてみるのです。

そして、いよいよレベル3です。レベル2で発見した視点が、どういう構造から生まれたのかを考えます。

濱口さんは、USBメモリの開発者として有名ですが、当時出ていたデータ保存のためのデバイスを、次の2軸で構造化したそうです。

①手で触れることができるか（有形、無形）

②データサイズ（大きいか、小さいか）

この2軸で整理すると、「有形&大きいデータ」という領域がぽっかり空いていることに濱口さんは気がつきました。そこで「ネット上（無形）でデータを扱うようになっても、人々はやはり手触りを求めるだろう」と判断し、USBメモリの開発に乗り出したそうです。

このように3段階のブレストを行うことで、個別のアイデアをどれだけ眺めていても絶対に見えてこなかった「本質」が浮かび上がってくるのです。

大局観にたどり着くための「3段階のブレスト」

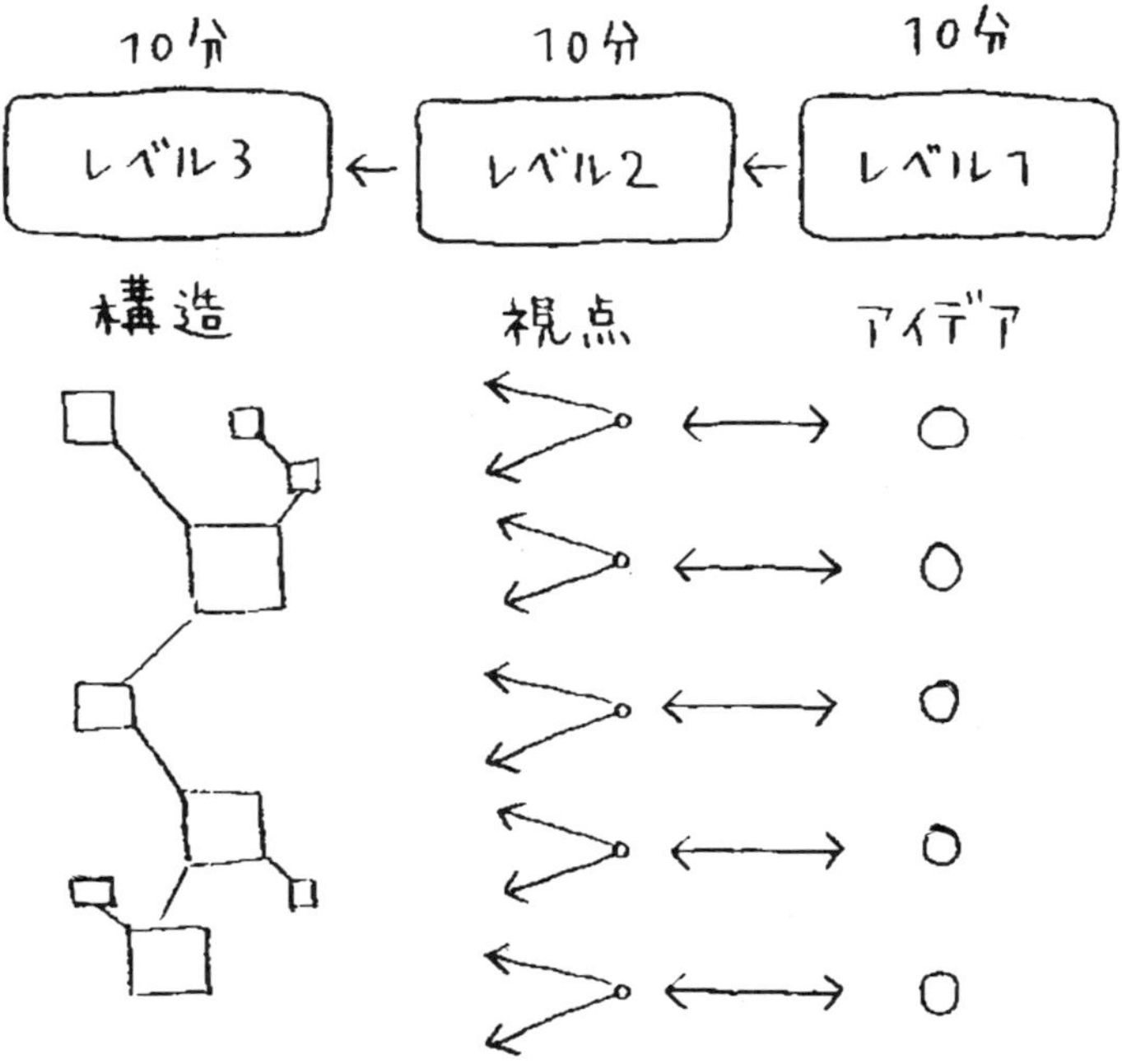

第5章

人生100年時代の働き方

さて、いよいよ最終章です。これまでわたしたちは、フロー状態に入り、没頭して仕事をするための基本や前提条件を確認してきました。要点を整理すると次のようなものでした。

第1章　仕事を始める前にすべき「三つの集中テクニック」
第2章　フローに入るための「二つのステップ」
第3章　フローに入り続けるために大事なこと
第4章　フローの「前提条件」

これらを踏まえて、いよいよ本章でお話しするのは、「何のためのフローなのか？」という本質の話です。「おいおい、いまさらそもそも論かよ」と思われるかもしれませんが、個人的には本書のなかでもっとも重要な章になると考えています。

大事な問いかけなので、もう一度いわせてください。

「何のためのフローなのか?」

考え抜いた末、わたし自身、驚くべき結論にたどり着いたのですが、それをこれからお話しさせていただきます。しばしお付き合いのほどよろしくお願いいたします。

◉うかつにモチベーションを上げてはならない

そもそもわたしは、ダイエットの研究者として科学のキャリアを歩み始めました。みなさんよくご存じのように、ダイエットは挑戦した人の8割が元の体重以上にリバウンドしてしまうという、とんでもない難問です。

一方で、難しいということはやりがいがあるということでもあり、気がつけばもう15

年以上ものめり込んでダイエット研究を行ってきました。

とくにわたしが開拓してきたテーマは、「やせたまま」でいるための研究です。当たり前の話ですが、体重は習慣の結果です。「やせる」ためにはモチベーションを上げて短期間だけ乗り切ればいいのですが、「やせたまま」でいるためにはむしろそのモチベーションが邪魔になります。習慣とは、何のモチベーションもない状態でも無意識に続けられることだからです。

「うかつにモチベーションを上げてはならない」

それが長年にわたりダイエットを研究してきたわたしの結論です。しかし、ダイエットに挑戦する人の多くは、やせた後の習慣化など念頭になく、ちょっとモチベーションが上がれば「よっしゃー!」と減量に励み、そして不死鳥のように体重を復活させていました。

そんな姿を何度も見続けてきたわたしは、いつしか「減量する前に、やせたままでいるための習慣を先につけてください」と、ことあるごとにいうようになっていました。その成果をまとめたのが拙著『最後のダイエット』や『ノーリバウンド・ダイエット』です。

ちょっとまどろっこしくなってしまいましたが、わたしがいいたいことをわかりやすく図にすると次のページのようになります。

短期間で大きな変化を起こしたいのであれば、「よっしゃー!」と意志の力を発揮するのもありです。ただ、ダイエットや仕事のように、長期間にわたる持続的な変化が求められる分野は、意志力に頼るわけにはいかないのです。

第1章でも触れましたが、自分ほど信用ならない存在はありません。意志を奮い立たせるのではなく、別の方法論が求められるのです。

なぜ習慣が大事なのか

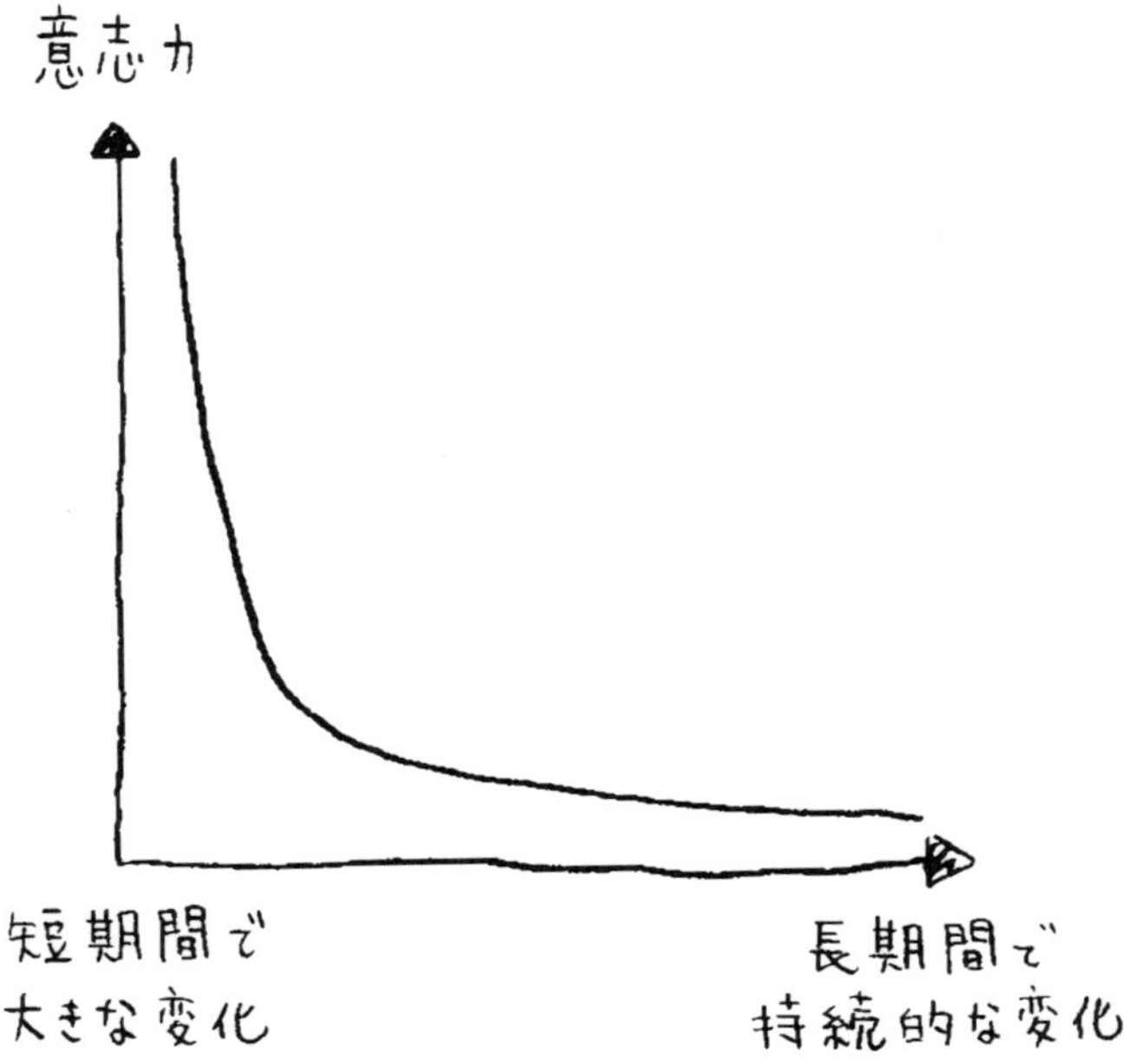

さて、ここまで意志を否定してきたわけですが、まだ大事なことを述べていません。

「では、意志に代わる重要な何かを、自分は提示できるのか？」

じつはこの問いが出発点となり、前著『疲れない脳をつくる生活習慣』や本書が生まれることになりました。もちろん、その答えはひとつではありません。前著のテーマだった「マインドフルネス」かもしれないし、あるいは本書の主題である「フロー」かもしれません。

その答えがどのようなものであれ、現代を生きるわたしたちすべてが、認識しておかなければいけない現実があります。それは、寿命が１００歳に近づこうとしていることです。

◉本気を出すのは50歳から

あるとき、ふと疑問に思いました。

「みんな、自分は何歳まで生きると考えているんだろうか？」

そこでまわりの人に聞いてみると、驚くべきことがわかりました。たいていの人は「80歳くらい」と答えるのです。

でも、この見積もりは甘すぎます。2016年時点で、日本の100歳以上の人口は過去最高の6万5000人超。2050年には100万人を突破するともいわれています。最近生まれた日本の子どもたちは、平均寿命が107歳になるという推計もあるくらいです。

平均寿命と定年

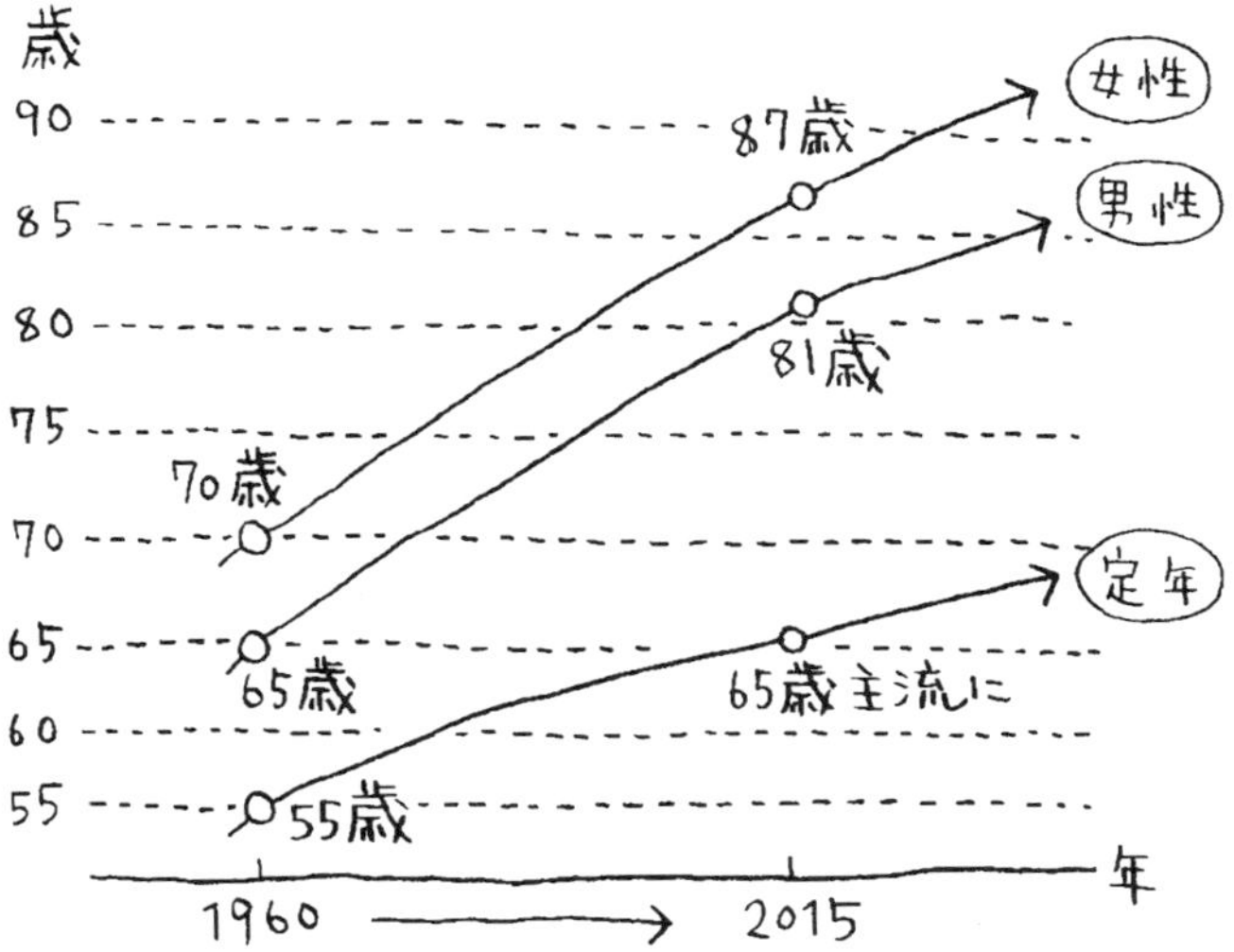

厚生労働省の資料などにより作成

これからは100歳まで生きることを大前提として、人生設計を考える時代なのです。
過去を振り返ると、いまから約50年前。前回の東京オリンピックが開かれた1964年は、定年55歳、平均寿命70歳でした。この時代における「普通の人生」は、若いうちはしっかり学び、社会人になったら定年までひとつの会社で働き、そのあとは国のお金でゆっくり休むというものでした。いわば「学ぶ、働く、休む」という1本のレールに、日本人全員が乗ることで、この国を発展させてきたのです。

しかしこれからはそれが通用しない。つまり、これまでの常識が非常識になるのです。たとえば、昔は人生に1回だったことを2回、3回、あるいはそれ以上経験することになるでしょう。最初に就いた仕事を一生やり続けるのではなく、複数回転職する。「終の住み家」という発想ではなく、家族構成やライフスタイルによって何度も住み替える。また、寿命が延びれば結婚や離婚の回数も増えるでしょう。

定年が55歳、そのあとは年金で十分に暮らしていけるという時代であれば、それまで

人生100年時代のイメージ

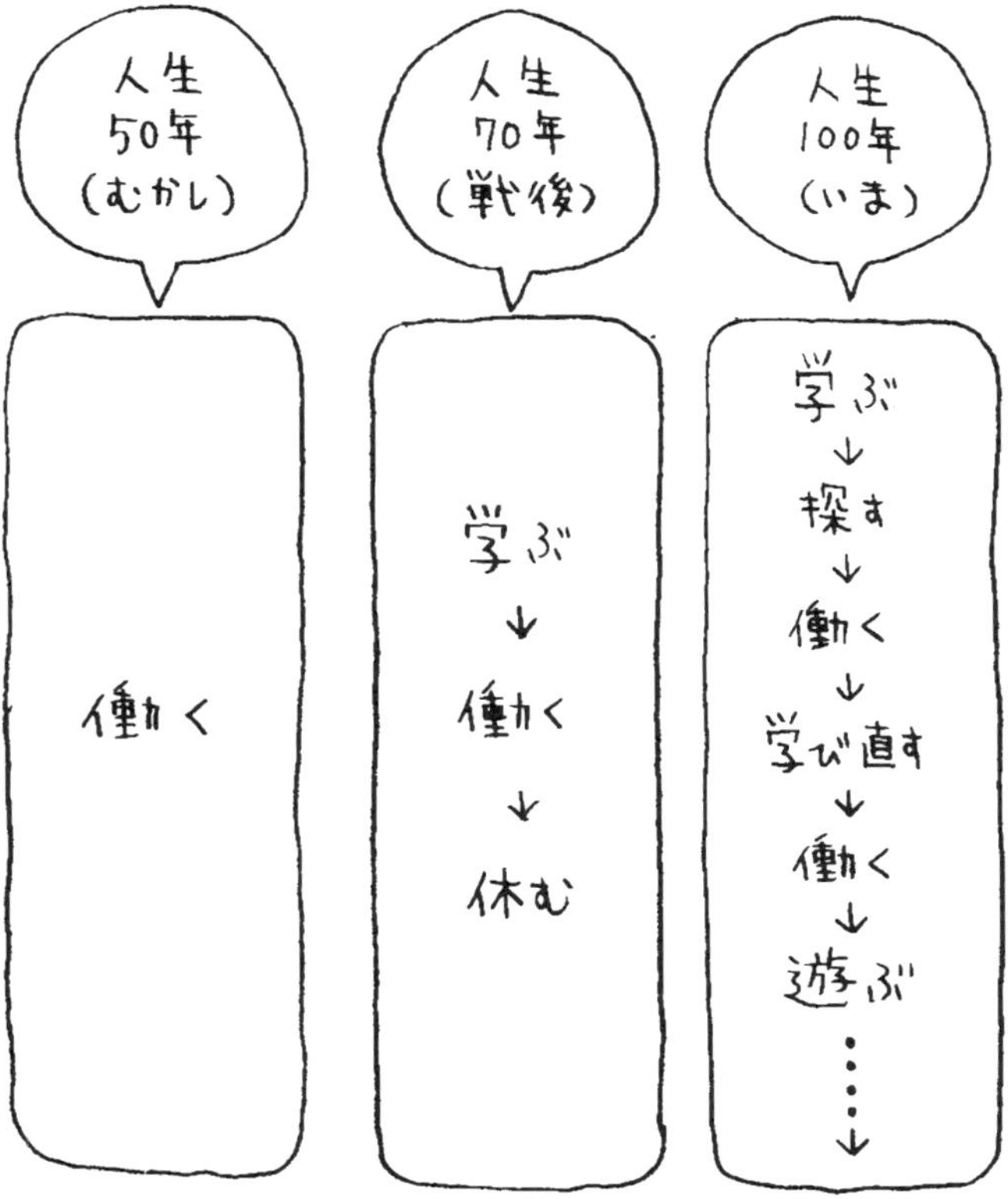

がむしゃらに働けばすみました。しかし、平均寿命と定年の差を仮に15年とすると、平均寿命を90歳と控えめに見積もっても定年は75歳となります。75歳まで働かなければいけない時代に、「学ぶ、働く、休む」という1本道ルートは通用しません。体力的にも、50代までと同じような働き方を70代までするのは無理があります。

となると、面白いことが考えられます。ひとつの思考実験として、次のような問いを考えてみましょう。

「はたして自分は、長い人生のどの時期に輝くつもりなのか？」

考えやすくするために、人生を四季になぞらえ、25年毎に区切ってみます。

〈春〉　0歳～25歳

〈夏〉　25歳～50歳
〈秋〉　50歳～75歳
〈冬〉　75歳～１００歳

スポーツ選手であれば、春（0歳～25歳）ということになるでしょう。引退してからやりたいことをやるというのであれば、冬（75歳～１００歳）ということになります。

しかし、仕事で輝きたいのであれば、多くの人にとってそれは真ん中の二つの時期のどちらかということになります。そしておそらく、漠然と夏（25歳～50歳）に輝こうと考えている人が多いのではないでしょうか。

ただ残念なことに、ほとんどの人にとってそれは無理な話です。なぜなら、会社の駒として働くというのであれば別ですが、自分が本当にやりたいことをやるのであれば、そのために必要なスキルや経験、人脈といったものを、そんな若いうちにすべてそろえることなど普通は不可能だからです。もしそれができたとしたら、それは相当に幸運な人でしょう。

必然的に、多くの人が仕事でいちばん輝けるのは、秋（50歳～75歳）ということになります。そうだとすれば、キャリア・人生設計もそれを念頭に置いてすべきと考えられます。

そもそも、自分がやりたいこと、つまり人生の意味を見つけること自体が難しい時代になっています。松下幸之助さんが「与えられた仕事を天職と思え」といった意味合いのことをいっていますが、昔であれば、最初に入った会社に尽くすことこそが人生の意義でした。大企業の重役だったということを一生の誇りとして死んでいけた時代があったのです。

しかし、時代は変わりました。

会社の寿命も短くなってきているので、ひとつの会社で勤め上げるということ自体が難しい。どちらかといえば、いまは会社というより業界が人生の意味を与えてくれています。たとえばエンジニアという職業に就いている人を見ても、彼らは会社ではなく業界にコミットし、業界内で影響力や発言力を持つことで、自尊心を高めているように映ります。しかしこれもまた、移り変わりが激しい。これからは複数の業界に軸足を置かなければやっていけなくなるでしょう。

それを象徴するように、『ＷＩＲＥＤ』日本版編集長の若林恵さんが、最近こんなことをいっていました。

「これからはひとつに依存する時代ではない。では、依存の反対は何か？　それは自立ではなく、たくさんへの依存だと思う」

名言だと思います。いずれにせよ、これからの時代は、会社も業界も生きる意味を与えてくれない。するといよいよ、自分と向き合わざるを得なくなります。自分の人生の意味は、自分自身で見つけなければならない時代になったのです。

何年か前のお正月に放映されたＮＨＫ番組のなかで、タモリさんがこんなことをいっていました

「いまの若い人たちは大変だよね。自分と向き合わないといけないからね」

自分で納得できる人生の意味を見つけるのは簡単ではありません。30歳や40歳では到底見つけられないでしょう。その意味でも、輝くのはやはり50代からなのではないでしょうか。

◉五つの専門分野を身につける

やりたいことというのは、白馬の王子さまのように待っていれば向こうから来てくれるものではありません。

ではどうすればいいのか？

50歳までは力を蓄えるための修行の期間と思って、なるべくいろいろなことを試すしかないでしょう。

ちなみに学問の世界では、50歳までに胸を張って得意だといえる専門分野を五つ持つことが求められる時代になっています。ひとつや二つでは弱い。五つくらい併せ持つことで、ようやく自分のオリジナルだといえるものが見えてくる。

おそらくこれは、ビジネスの世界でも同じかもしれません。50歳までに五つの専門分野を持つ。そのためには、最低でも3、4回は仕事を変える必要があるということになるでしょう。

専門を深めて、広げる

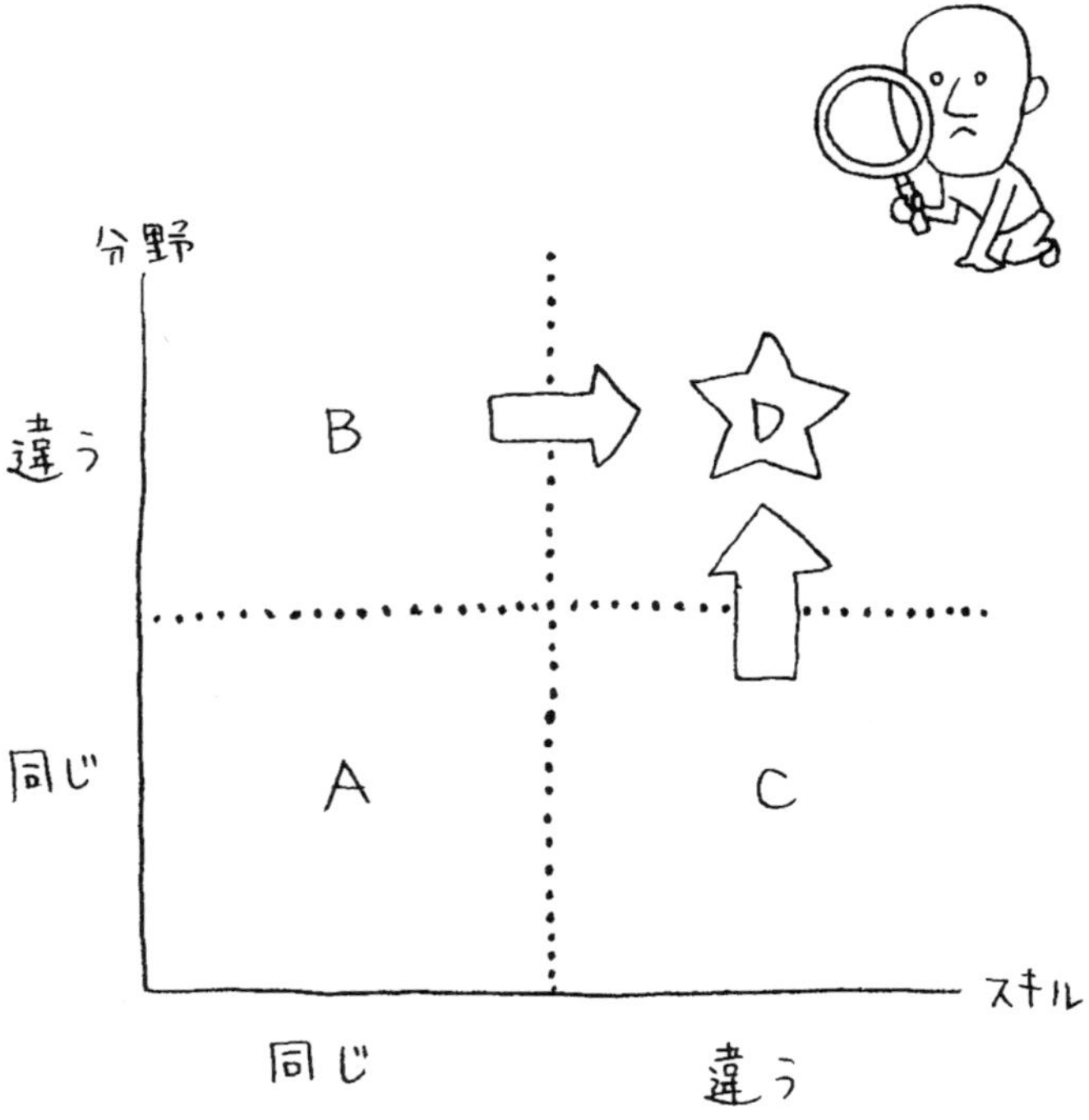

では、どんなところに転職すればいいのか。ひとつの考え方として、右のページの図が参考になるかもしれません。

横軸に「スキル」、縦軸に「分野」をとったときに、同じところ（A）で何回転職しても意味がありません。最終的にはスキルも分野も違う領域（D）をどれだけ味わえるかが、自分の幅を広げることにつながります。

とはいえ、最初から全然違うところへ行っても、高いパフォーマンスを発揮するのは難しいでしょう。そう考えると、1、2回目の転職は、「同スキル&異分野のB領域」か「同分野&異スキルのC領域」に転職するのがいいということになります。

そうやって自分がそれまでやってこなかった領域に飛び出すことが、自分はどこでもやっていけるという自信につながります。逆に苦手なことに挑戦せず、得意分野に逃げてきた人には、本当の意味での自信は芽生えないでしょう。コンサルタントに自信を持った人が多いのは、それだけ多くの異なる領域を渡り歩く経験をしているからだと思います。

会社内でジョブローテーションをするというのにも同じ意味合いがあります。しかし、それはあくまで終身雇用を前提とした制度で、いまや会社の寿命よりも職業寿命の方が長くなっています。そのなかでいくら動いても、そこはかとない不安は拭えないままでしょう。

◉「大局観」で後悔のない転職を

いまいる場所を飛び出して苦手なことに挑戦するのはものすごく勇気がいることです。一方で、いまの若い人は敷かれたレールが見えた瞬間、その先を歩くのがいやになってしまうところがあるようにも見えます。自分の人生、本当にこれでいいのか、と。たしかに、予測とズレがまったくないというのは退屈なことです。

「安定をとるのか、変化を求めるのか」

このジレンマを解く鍵は、大局観を持つことにあります。というのも、ひとつの会社にとどまるというのは、短期的に見ればたしかに安全な道ですが、中長期的に見たら、その先は行き止まり。1社にとどまるのは逆に危ないというのが、いまの時代です。

大局観を持って人生を眺めれば、じつはいろいろな領域を経験しておくことこそがリスク分散になり、本当の意味での安全な道になります。同時に、短期的に見れば変化していることにもなるから、変わりたいという欲求も満たされるというわけです。

同じ転職でも大局観を持って行わなければ、あとで振り返ったときには、自分はいったい何に人生を費やしていたのかと後悔することになるでしょう。だからこそ、スキルと分野のマトリックスで自分の人生を俯瞰することが大事になります。

とはいえ、必ずしもそれは、明確な目標から逆算した計画的なものである必要はないと思います。いまの自分にとってのB領域、C領域とは何か。そういう視点を持つだけで、次にやるべきことが見えてくるはずです。

自分が何度も転職しているあいだに、ひとつのことを磨いている人を横目で見ると焦る気持ちになるのもよくわかります。

でも、安心してください。よほどの幸運が重ならない限り、その人は50歳までの人です。目の前のことに役立つかどうかという視点で無駄を省くのは、短期的には効果的ですが、中長期で見たら視野が狭すぎるということになるでしょう。

◉立ち返るべき母港を持とう

大局観を持つ、つまりいつ輝くのかという視点を持つことは、どんなスキルを身につけるべきかという話にもつながっていきます。というのも、いま活躍したいのであれば、いま流行っていることをやれば近道です。しかし、いま流行っているということはすなわち、早晩廃れるということです。一時期セクシーだともてはやされたデータサイエンティストという職業も、その後ライブラリが充実したことで、一瞬でコモディティ化してしまいました。

そう考えると、流行に流されるよりは、人間の本質に迫るような普遍的なスキルのほうがいいかもしれません。どんな仕事をするにしても、わたしたちが相手にしているのは、つねに人間だからです。たとえばマーケティングやマネジメントといった人間を扱うスキルは、今後も必要性がなくならないでしょう。

しかし極論してしまえば、身につけるスキルはなんでもいいのです。何を選ぶか以上に、選んだものをちゃんと掘り下げて、自分のものにできることのほうがよっぽど大切だからです。幅広い分野で経験を積むことが大事だといいましたが、そうするには前提があります。最初に与えられた領域で、まずは圧倒的な成果を残すことです。

いま置かれた状況でさえ目立てない人に、そこから外へ出て、いったい何ができるでしょう。自分の型と呼べるようなものを確立した人だけが、他へ移ることができます。確固たる型のある人は、移った先で仮に失敗したとしても、元いた場所へ立ち返ることができるからです。

まずは、一刻も早く母港と呼べる場所をつくること。そしてそこから人生の大海原へと打って出ること。

そうやって50歳までにいくつかの専門分野を持ち、自分なりの人生の生きる意味を見つける。そこからようやく輝く時期が始まります。本気を出すのは50歳からでいい。そう考えれば、気負うことなくいろいろな挑戦ができるのではないでしょうか。

◉何のためのフローか

ただ、50歳から本気を出すといっても、そのための準備は容易なはずがありません。たったひとつの専門を身につけるだけでも、大変な時間と労力がかかります。それをいくつも身につけようと思えば、できるだけ高速で学習する必要があるわけです。だめなダイエットのように、急激に体重を落として、数カ月後にリバウンドしているような学習方法では追いつきません。

もうおわかりですね。そのための「フロー」なのです。

質のよい集中力を発揮できれば、50歳になるまでに複数の専門を身につけ、人生の後半戦に備えることができる。それが人生１００年時代を豊かに生きるため、何より必要なスキルではないか。

これがわたしが最終的にいいたかったことです。

◉隠れた主人公

いかがだったでしょうか。「いかにして集中するか?」という本書のテーマは、結局「人生100年時代、いつ輝くか?」という大きな話に広がりましたが、ここまでお読みくださった方は、その理由も十分に理解してくださったと思います。

最後に本書の隠れた主人公をご紹介しておきましょう。それは「感情」です。

集中するための準備段階では、仕事をいやいや始めてはいけないことを指摘しました。

脳が「いやだ」という感情を記憶してしまうからです。

そして、超集中状態である「フロー」に入るためには、強い感情をつくることが最初の一歩でした。ここでも感情が重要な役割を果たしています。

さらに「フロー」に入り続けるために重要な「小さな目標」は、感情の面からいえば「ちょっと不安になるくらいの目標」です。すごく不安になるような目標は難しすぎですし、ぜんぜん不安にならない目標は簡単すぎるわけです。自分はどういうときに不安を感じるのか。これも結局は自分と向き合うことでしかわかりません。ひとついえるのは、これからは自分と向き合った者勝ちの時代になるということです。

ここまでお付き合いいただき、本当にありがとうございました。人生１００年時代、本書が少しでもみなさまのお役に立つのであれば、こんなにうれしいことはありません。

付録　継続は力なり

フローに入るための努力も、継続してこそ意味を持ちます。そこで最後に、継続のための10カ条を記しておきます。本書では触れることができなかったものもありますが、「フローに入れないな……」と感じたとき、参考にしてみてください。

継続のための10カ条

1　選択肢を減らそう

人の意志決定の量は限られているので、何をやるかその都度決めなくてもいい状況をつくる。とくに、新しいことを始める場合は、ほかのことを減らすなどの工夫を。

2　きちんと寝よう

睡眠は身体を休息させるだけでなく、記憶を再統合し、定着させるので脳が成長する。寝ているときの自分は、起きているときの自分よりもがんばっている（こともある）。

3　飽きたらやめよう

疲労は「飽きる」「疲れる」「眠くなる」の順でやってくる。飽きているなと感じたらいったん休息をとってリカバリーする。何に飽きているのかをはっきりさせるのも重要。

4　厳格になりすぎない

気乗りがしないときにやると、脳がネガティブな感情とその環境を結びつけてしまう。その結果、次にやるときもっと気乗りがしなくなる。

5　意志のせいにしない

できなかったときに意志の弱さを理由にしない。どうしたらできるのかを考える。根性論ではなく方法論で問題にアプローチする。

6　「楽しい」を大事にしよう

習慣には始める理由（きっかけ）と続ける理由（フィードバック）が必要。最強のフィードバックは成長と楽しさ。成長していない、楽しくない、という場合は方法論を見直す。

7　うかつに始めない

毎回なにをどのように行うか、イメージトレーニングをしてから始める。「とりあえずやってみる」のもたまにはいいが、継続にはつながらない。

8　変えてもOK

人は毎日気分や体調が違う。それに合わせた取り組みが必要。大事なのは自分の「普通」を知ること。不調のときは普通に戻すことを最優先に。

9　余白をもとう

脳も準備と回復が必要。集中したい時間の前後に余白をもたせると無理なく集中できる。その満足感が報酬となって継続につながる。

10　みんなとやろう

仲間の取り組みを観察することで、自分自身の取り組みを客観視し、振り返ることができる。人といっしょにやる「楽しさ」も脳にとって報酬となる。

おわりに

それは、2017年のお正月明けのことでした。

「石川さん、必ず原稿送ってくださいね。今日中に‼」

プレジデント社の中嶋愛さんから飛んできた、とんでもないプレッシャー。この1行のメールでわたしが一瞬で「フロー」に入ったということは、本書を読んでくださった方ならよくわかっていただけると思います。おかげでなんとか本書の原稿を仕上げることができました。

思い返せば、前作『疲れない脳をつくる生活習慣』を担当してくれたのも中嶋さんです。このときはわたしの原稿提出が遅れに遅れ、「本当の締め切り」にも遅れ、「もう引き返すことのできない締め切り」にも遅れてしまった挙げ句、わたしは中嶋さんから1通のメールを受け取りました。

＋＋＋＋＋＋＋＋＋＋＋＋＋＋＋＋＋＋＋＋＋＋＋＋

石川さま

お世話になっております。

原稿の戻しですが、本日間に合わないようでしたら確実な予定をお知らせいただけると助かります。

明後日からわたしは海外です。

＋＋＋＋＋＋＋＋＋＋＋＋＋＋＋＋＋＋＋＋＋＋＋＋

「ぐおー！　これはマジ怒りのやつだ！」

もちろんわたしは平謝り。それに対してさらに返事が来たのですが、あまりに凄惨な内容でとてもここには書けません。ただ、あのときもすぐさまフロー状態に入って原稿を仕上げ、なんとか本を出すことができました。２０１６年のマインドフルネスブームにも多少なりとも貢献できたかなと思います。

もうひとり、とても大事な人がいます。それは、前作同様、本作でも構成を担当してくださった斎藤哲也さんです。数々のベストセラーを仕掛けてきた凄腕ライターです。今回も斎藤さんはわたしの限りなくどこまでも広がっていくアイデアを見事にまとめてくださいました。

お二人はなにより気が合う仲間です。中嶋さん、斎藤さん、本書で懲りることなく、また次作でもご一緒させていただきたく、よろしくお願いします。

さて、感謝の言葉を伝えたい人はほかにも大勢います。

まず、これまで「フロー」研究を重ねてこられた研究者の方々、そして本書をまとめるにあたり何度となくディスカッションを重ねた、同僚の西本真寛さん。「フロー」を可視化するという、世界初のデバイスJINS MEMEを共同開発させていただいている井上一鷹さんと木村正人さん。そのデバイスを使った「フロー」実験にご協力くださった、プロゲーマーの梅原大吾さん、ときどさん。目標設定の研究をご一緒した為末大さん。前回に続いて素敵な装丁を手がけてくださったクラフト・エヴィング商會さん。イラストを描いてくださった仲光寛城さん。名前をあげていけばキリがありませんが、本当にみなさま、いつもありがとうございます。

そしてなにより、いつまでたっても頼りないわたしを支えてくれる妻の理沙子、そしてもうすぐ2歳になる息子に感謝します。仕事から帰って心から安らげるのは、二人のおかげです。いつもありがとう。

最後になりますが、本書を手に取ってくださったみなさまに感謝です。またどこかでお会いしましょう！

２０１７年1月　東京にて

石川善樹

●記事
梅原大吾＋石川善樹「感情を制する者はゲームを制す」
Harvard Business Review 2016年1月号
石川善樹「継続とは『小さな問い』を立てること」

Harvard Business Review 2017年2月号
石川善樹「『エナジーマネジメント』と21世紀の養生訓」
WIRED 日本版 Vol.22（2016年4月）

●ウエブサイト
JINS MEME ウエブサイト jins-meme.com/ja

「予防医学者・石川善樹が考える、人生100年時代のキャリア論」
Sansan ウエブサイト contents.8card.net/blog/2017/170113.html

濱口秀司 日本人の性質を活かした究極のブレストとは？
WORKSIGHT ウエブサイト www.worksight.jp/issues/59.html

●テレビ番組
〈ときど VS 梅原大吾　フロー対決〉
NHK 総合 ライフ UP「三日坊主から抜け出す秘策 SP」
2016年7月18日放送

主な参考文献

●書籍
フローの古典。難解だが、一度は挑戦して読むべし。
『フロー体験 喜びの現象学』
M・チクセントミハイ著、今村浩明訳、世界思想社（1996年）

早くもフローの新しい古典。最初に読むならこの1冊。
『超人の秘密：エクストリームスポーツとフロー体験』
スティーヴン・コトラー著、熊谷玲美訳、早川書房（2015年）

1万時間の法則でおなじみ、エリクソンの名著。
『超一流になるのは才能か努力か？』
アンダース・エリクソン、ロバート・プール著、土方奈美訳、
文藝春秋（2016年）

ストレスとリラックスの「ほどよい関係」がピーク体験をつくるという説。
『ブレイクアウト！
ハーバード・メディカル・スクールが教えるNo.1自己啓発原則』
ハーバート・ベンソン、ウィリアム・プロクター著、宮崎伸治訳、
PHP研究所（2004）

「体系化され、かつ反復可能な」クリエイティブ思考の提案。
『インサイドボックス 究極の創造的思考法』
ドリュー・ボイド、ジェイコブ・ゴールデンバーグ著、池村千秋訳、
文藝春秋（2014年）

人生100年時代の到来を告げた、世界的ベストセラー。
『LIFE SHIFT　100年時代の人生戦略』
リンダ・グラットン、アンドリュー・スコット著、池村千秋訳、
東洋経済新報社（2016年）

個人的に大好きな本。フローに至る過程が美しく描かれている。
『習得への情熱―チェスから武術へ―　上達するための、僕の意識的学習法』
ジョッシュ・ウェイツキン著、吉田俊太郎訳、
みすず書房（2015年）

石川善樹 Yoshiki Ishikawa

1981年、広島県生まれ。東京大学医学部健康科学科（現健康総合科学科）卒業、ハーバード大学公衆衛生大学院修了後、自治医科大学で博士号（医学）取得。専門は予防医学、行動科学、機械創造学など。講演や雑誌、テレビへの出演も多数。著書に、『疲れない脳をつくる生活習慣』（プレジデント社）、『友だちの数で寿命はきまる』『最後のダイエット』（ともにマガジンハウス）、『ノーリバウンド・ダイエット』（法研）などがある。

仕事はうかつに始めるな

2017年3月1日　第1刷発行

著　者　　石川善樹
発行者　　長坂嘉昭
発行所　　株式会社プレジデント社
〒102-8641　東京都千代田区平河町2-16-1
電話　編集(03)3237-3732
販売(03)3237-3731
構　成　　斎藤哲也
装　丁　　クラフト・エヴィング商會
本文イラスト　仲光寛城
編　集　　中嶋 愛
制　作　　関 結香
印刷・製本　凸版印刷株式会社
販　売　　桂木栄一　高橋 徹　川井田美景　森田 巌
遠藤真知子　塩島廣貴　末島秀樹

ISBN978-4-8334-2219-2

Printed in Japan

既刊好評発売中

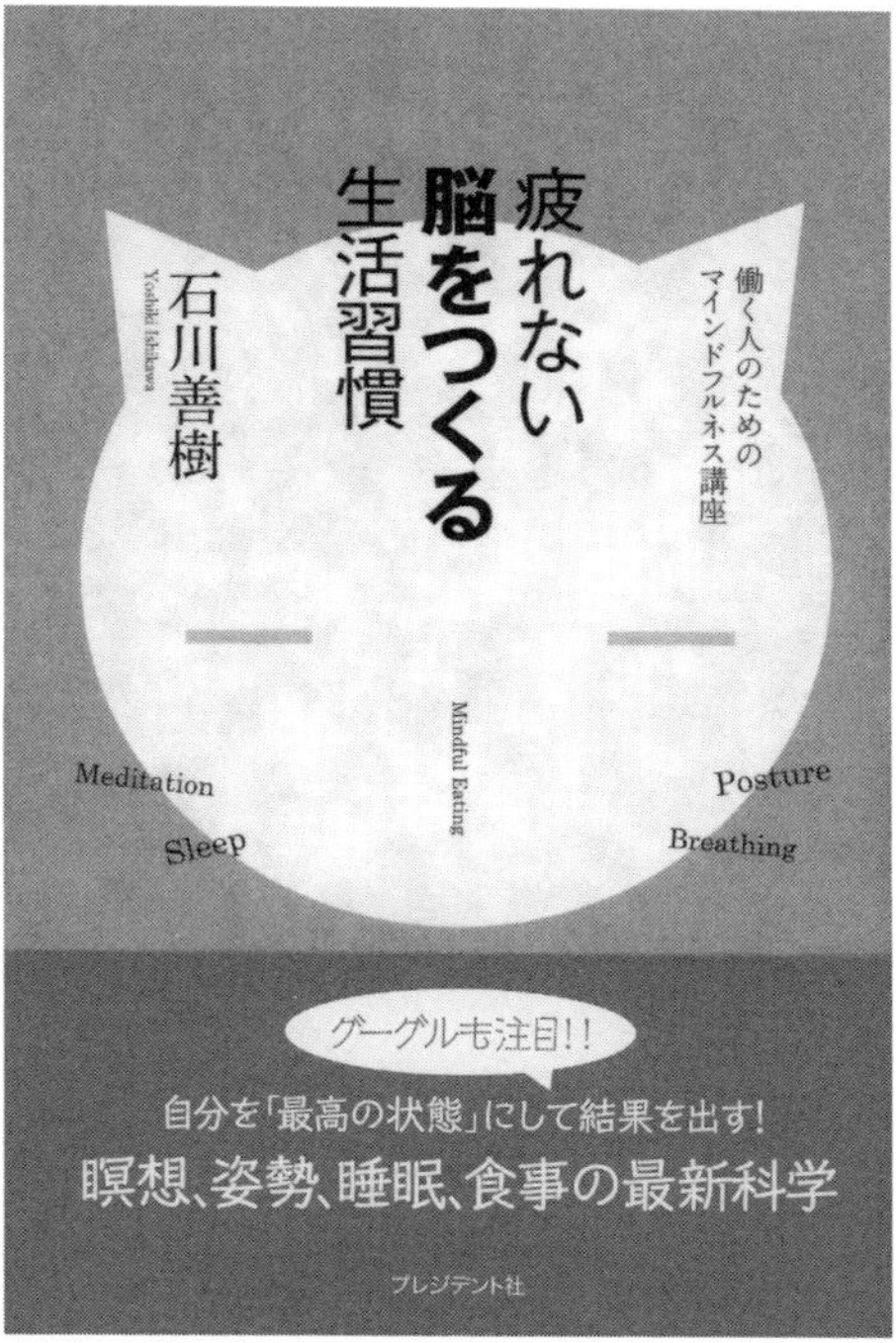

不調から一足飛びに好調には行けません。
ストレス、糖質、睡眠をコントロールすることで
まずは普通(疲れていない状態)を目指しましょう!

ISBN978-4-8334-2160-7
定価(本体1100円+税)